JN057137

大活字本シリーズ

失われた手仕事の思想

塩野米松

《上》

埼玉福祉会

失われた手仕事の思想

上

装幀　巖谷純介

まえがき

職人の話をしようと思うと、駅伝の繰り上げスタートを思い浮かべる。

走者がたすきを順に受け継いで長距離を走り、ゴールを目指すあの競技である。中継所では、駆け込んできた走者が肩からたすきをはずし、すでに助走をつけて走り始めている次走者に渡す。それを受けた走者はたすきをかけ直して駆け出していく。中継所では何人もの選手が駆け込み、たすきの受け渡しが行われる。

自分のチームの走者が来ない選手は遠くを見ながら足踏みをし、体が冷えぬようにして待つのだが、なかなか来ない。先頭の選手のたすきリレーが行われてからある時間がたつと、審判が無情な決断を下す。たすきを受け取らずに、残った数組の選手は駆け出さなければならないのだ。彼らは仮のたすきをかけて走り出す。繰り上げスタートである。

中継地点で待っているはずの選手にたすきを渡すべく、必死の形相で駆けてきた選手は、自分がたすきを渡すべき選手がいないのを知って、泣きながら倒れ込む。こんなシーンが毎年レースのたびに放送される。

駅伝競技でたすきを次のものに渡せない走者には二つの種類がある。

ひとつは渡すはずの選手に繰り上げスタートされてしまった者。もうひとつはレースの最後を受け持つ最終走者である。最後の走者には順位や栄冠や敗北という結果が待ち受けているが、役目を終えた誇りがある。だが、繰り上げスタートをされてしまった走者には役目を終えたという満足感はない。

さまざまな職業が日本の国では二〇世紀に消えていった。あの高度成長といわれた時代に特にそれが多かった。敗戦の翌々年の昭和二二（一九四七）年に生まれた私は、身近に職人たちが仕事をしている姿を見た最後の世代である。その職人たちが姿を消してしまった。彼らは完走した最終走者ではなく、たすきを受け渡せなかった走者のように思えるのだ。彼らは何の儀式も行わず、人々に知らせることもなく仕事をやめていった。事情はさまざまであるが、個人がその仕事をやめることが、そのままその職業の終焉であることも少なくなかった。ここ二十数年、各地のさまざまな職人や職業の方々を訪ね、仕事を見せてもらいながら話を聞いてきた。

どの仕事もその地の気候や風土に培われたものであった。素材を自然から受け、それを上手に利用し、さらに弟子や子孫に残すように努力してきた。それが自分たちが受け継いできたやり方だったのである。それは技の伝承にもいえることであった。単純な道具を体の一部として使いこなせるようになるまで叱り、覚えさせ引き継いできたのである。

手仕事が主流だった時代は小さな社会であった。作り手は使い手が誰であるかを知っていたし、使い手は自分の気に入った作り手を選ぶことができた。そうした小さな社会で生き抜くためには、作り手は常に最高の品を作り出すことを心がけなければならなかった。

その心構えや職業の倫理、職人仲間の仁義や礼節を、物を作り、使ってもらうことで身につけていった。そうした環境や人間関係は経済の高度成長を機に消えていった。大量生産、大量消費の時代が始まったのだ。それは大きな社会である。

物の向こうにあるのは工場であり、作り手の姿は見えなくなった。作り手も物の向こうに使い手の顔は見えない。大きなグループとしての消費者を相手にしてこそ大量生産ができるのだ。この規模はますます拡大し、地球規模になった。

知らぬ間に終わってしまった手仕事の時代とその背景にあったものを確認しておきたいと思った。今ならまだ振り返ることができる。まだ手仕事の時代はすぐ後ろにあるのだ。

時代は行きつ戻りつしながら変化していく。どんなに科学が発達しても、テクノロジーが進んでも明日という未来を確実に知ることはできない。明日を手探りするときに、振り返れば間違いなく存在したものがある。変化が激しければ激しいほど昨日は明日への目印になる。これまで出会った職人たちの話をもとに「手仕事の時代」とはどういう時代であったのかを探ってみた。

二〇〇一年八月

塩野米松

失われた手仕事の思想／上巻　目次

失われた手仕事の思想

第一章　消えた職人たち

職人が身のまわりから消えて久しい。見ることがほとんどなくなった職人の仕事がどんなものであったかを紹介していこう。

鍬や包丁を作る野鍛冶

私が育ったのは秋田県仙北郡の角館町の横町という町内であった。横町は橋を渡れば農村地帯という市街地のはずれで、二四、五軒の家があった。八百屋や酒屋やたばこ屋などの商店があり、職人が住む町内である。子供のころ横町には一軒の鍛冶屋があった。隣の中町にも馬車屋と呼ばれる荷車や馬車を扱う家があったから、一町内に一軒とまではいかなくとも、鍛冶屋はかなり身近な存在であった。

いずれも小さな野鍛冶であったから近在の農家の鍬や鎌や、鉈などを注文に応じて作っていた。私の住んでいた町内には大工や樺細工師、石屋などもいたから彼らも道具をこしらえてもらったに違いない。子供たちも夏に川遊びをするときに使うヤスや、独楽にはめる鉄の輪などを作ってもらった。

町の鍛冶屋が姿を消したのはいつか、はっきり覚えてはいないが、昭和三九（一九六四）年の東京オリンピックのときには各町内のほとんどの鍛冶場がなくなっていた。これは私の町の鍛冶屋に限ったことではなく、隣の町や村ではもっと早く姿を消していた。鍛冶屋が鍛冶場を閉じるときには大げさな儀式などはない。知らぬ間に炉の火が落とされ、音が聞こえないなと思ったときには閉じられていた。

それでもまだ各地に包丁や刃物、農具を作り、修理を受け持っている鍛冶屋さんがいる。そうした農具を中心に作っていた野鍛冶、福島県の高木彰夫さん（一九四〇年生まれ）の場合を紹介する。彼の仕事場は西白河郡西郷村川谷にある。看板には鍛冶ではなく、「報徳鍛工所」とかいてあった。今は野鍛冶の仕事だけではやっていけないので、鉄骨の組み立てや溶接などの仕事も行っているという。

高木彰夫さんのところで作っているのは鎌と鍬。農家から頼まれた鍬や鎌を一個ずつ注文に合わせて刃の角度や柄の付け根の具合を変えて作る。注文者は使い切った道具や紙切れに希望の絵を描いて持ってくる。時には高木さんが作ったものや父親が作った鍬を持ってきて修理を頼むこともある。鍬の先についている刃が減ってしまった場合は鋼(はがね)を足していく「サイガケ」という作業も請け負う。中心は父親が考案したという「源次鍬」だ。

鍛冶屋が鉄材からどうやって鍬を作り出すか、鍬作りを例にその作業を紹介してみよう。

材料の鋼材(こうざい)は鋼材屋から軟鉄(なんてつ)の板で仕入れられる。まずはその板を適当な大きさに切断して、八百度以上の温度に熱して叩(たた)いて鍬の基本的な形を整える。かつては炭を使って鞴(ふいご)で炉の温度を上げ、そこで鉄を熱したが、今は重油を焚(た)く。火の加減は炎の色で判断する。

鍬は二つの種類の鉄からできている。ひとつは鍬の全体の形をなす地金（じがね）で軟鉄。軟鉄は軟（やわ）らかく、粘りがある。そして刃の先は鋼（はがね）である。鋼は炭素成分を含み、熱してから水などで冷却する（焼き入れ）と硬度を増す性質を持っている。包丁なども刃先は鋼である。鋼は硬（かた）く、切れ味は鋭いが、もろい。

　多くの鍛冶屋は鋼用の鋼材を材料屋から仕入れるが、高木さんのところでは浸炭法（しんたんほう）で軟鉄を鋼に変えている。九百十度以上に熱した軟鉄は構造に変化を起こし、炭素を浸み込ませることができる。粒状の木炭の中で鉄を加熱することで鉄の表面に炭素を浸み込ませるのだが、この方法で作られた浸炭鋼は中が軟らかく、表面は硬く強靭（きょうじん）である。

　こうして製作した鋼を地金にくっつけなければならない。鉄に鋼を溶接するのに必要な温度は千六百度以上。このときの炎の色はほとんどど白に近く輝く。この温度まで上げ、叩き、鋼をくっつける。

　こうして鋼を付けたものを再び九百度から千度の温度で熱し、叩いて鍬の形に仕上げていく。この作業はいっぺんではできないから何度か熱しては叩き、叩いては熱してを繰り返す。

　こうしてできた鍬の原形を裁断機にかけて余分な部分を落とし、さらに鍬独特のアールを付けるために形に合わせてプレスする。

　それをグラインダーで研(と)ぎ、焼き入れする。焼き入れの温度はさまざま、源次鍬では八百度からふつうの水温まで一気に冷やす。焼き入れの仕方によって鋼の硬さやもろさ、粘りが違ってくる。

　開墾(かいこん)や根切りなどに使う唐鍬(とうぐわ)は、中まで均一に熱するために、水の代わりに溶かした鉛の液に入れて温度を上げ、油で焼き入れをする。

こうすると軟らかみを持った硬さになるという。

鍬の作り方を簡単に説明するとこうなる。

鍛冶屋も途中から炉は炭から重油へ変わった。鉄の鍛錬は槌（つち）で叩くことから電動のハンマーに。今も残っている町や野の鍛冶屋は電動ハンマーに重油の炉を使っている。しかし、今はその鍛冶屋さえ見ることがまれになってしまったのである。

鍛冶屋が消えたのは私たちが鍛冶屋を必要としなくなったからである。

たとえば、鍬の話であるが、農家の人が自分の体に合った道具を鍛冶屋に作ってもらう代わりに、大量生産品を店から買ってきて間に合わせるようになった。

大量生産の品は安く、欲しいときに店に行けばいつでもすぐに手に入る。しかしそれらの品々は標準的体格に合わせた規格品である。鍛冶屋に図面や古くなった鍬を持っていって頼んでいた時代は、自分の寸法、使い勝手に合わせた道具を使うことができた。それは効率がいい道具であった。だから、使い手は補修しながら長く大事に使ったのである。

規格品を使うには、道具に体を合わせるしかない。少しの不便は我慢するのである。安く、体に合わないのだから、壊れたり減ったら捨てても惜しいことはない。そうして鍛冶屋を訪ねる人はいなくなった。また、大事な道具であった鍬がその程度の道具に変わってしまったのだ。

鍛冶屋に農家の人が訪ねて道具を頼まなくなったもうひとつの大きな理由は、農作業の現場から鍬や鎌を使った手作業というのがなくなってきたからだ。

「実際に鍛冶屋が減ってきたのは、農作業の機械化が始まったときからです。今、父の時代に比べますと注文は十分の一以下です。今でも鍛冶屋は成り立っていませんからこの後は……無理でしょうね。ですからうちでは溶接や鉄骨関連の仕事をしております。鍛冶屋の部門はもう成り立たないから切り捨てたいところですが、なかなかそうもいかなくて残してありますが、ほとんど需要はないんです。職業別の電話帳にはもう鍛冶屋という項はなくなったんじゃないですか」

高木さんはこういった。

農業者が多い秋田県の電話帳を引いたら、「鍛冶屋は鍛造業を参照」となっており、二軒の個人名と一軒の包丁製作所が載っていた。鍛冶屋は姿を消したのである。

鍬や鉈や鎌などの農具から、包丁作りに主力を変えた鍛冶屋もいるが、彼らとて需要が多いわけではない。それは各家庭の包丁を見ればわかる。大量生産の錆(さ)びない包丁がどこの家でも主力を占めている。それを作っているのは鍛冶屋ではない。鍛冶屋の作る包丁は研がなければ切れなくなり、手を抜けば錆が出る。そのかわり、研ぎさえすれば切れ味が持続し、魚や肉の細胞を押しつぶすことなく切る道具なのである。砥石(といし)を使う人も少なくなった。手のかかる道具は押しのけられるのが性急な時代の理である。

初めに鍛冶屋を取り上げたのには訳がある。この後、紹介するさまざまな職人たちが「手道具を修理し、手に合わせて作ってくれる人がいなくなった」と、自分たちの仕事が続かなくなった理由のひとつに鍛冶屋の消滅をあげたからである。

柿屋根(こけらやね)を葺(ふ)く屋根屋

日本の家屋の屋根の素材はさまざまであった。瓦(かわら)が民家に使われるようになったのはずいぶん後のことである。神社や仏閣など現在、文化財保護を受けているものの多くは檜(ひのき)の皮を使った檜皮葺(ひわだぶ)きや槙(まき)や椹(さわら)や栗の木を割った柿葺(こけらぶ)きである。

農家や民家は近くに茅場（かやば）や原野があれば茅（かや）葺き、水辺で葦（あし）があればそれを使い、杉の山があれば杉の皮を使った杉皮葺きか杉の伐根（ばっこん）を利用した杉板の柿葺きであった。杉の柿は「柾（まさ）」とか「木羽（こば）」、「木端（こっぱ）」、「ザク」とか地方ごとに呼び方がさまざまある。

昔から家を建てる材料や日用品の多くの素材は近在から供給するものであった。自分で野山に行って手に入れてくる場合もあったし、購入する場合でも地元産が一番安く、素材そのものが気候・風土に合っていたからだ。また素材がすぐそばにあるから修理も楽であった。茅屋根はそのいい例である。多くの地方で屋根を葺くのに葦や薄（ススキ）が使われた。

ススキは山や川原や茅場と呼ばれる専用の場所から刈り取られ、屋根は集落総出で葺き替えてきたのである。

田植えや稲刈り、道普請、家屋の新築、屋根の葺き替えなどの大きな仕事は「結」と呼ばれる村の共同体が助け合ってやってきた。

今は地方に行っても見かけるのは茅屋根にトタンをかけたものか、屋根だけを瓦や鋼板に変えてしまった家が多い。

その大きな理由は、葦や茅集めが大変なこと、茅手と呼ばれる茅葺き職人がいなくなってしまったこと、集落の相互扶助組織であった「結」が崩壊してしまったこと、生活が変わったことにある。

かつては現金を手に入れることが容易でなかった。できる限りのことは自分たちの労働で賄ったのである。それが高度経済成長期から変わった。高度成長期ごろから、労働力をお金に換える機会が急激に増えた。出稼ぎが盛んになり、農村の次男、三男が都会や工場に働きに行くようになったのである。

その賃金は少なくなく、自分たちが茅を集めるために時間を割くよりはトタンや瓦屋根屋に頼み、自分たちはその間、働きに行ったほうがよかったからである。人件費が高い時代が来た。茅屋根を葺こうとすると大変高価なものになってしまった。

昔は一番安く、簡単に手に入った素材集めが高価なものになり、助け合いで提供し合った労働を他に向けてしまうようになったのである。

そうした茅屋根とは違って、柿屋根を葺くのは昔から職人の仕事であった。地方によって柿をさまざまに呼ぶことは前に記したが、秋田県角館町の柿職人雲雀佐太雄さん（一九二八年生まれ）は、自分の仕事を「ザク屋」と呼んでいた。柿のことを「ザク」と呼ぶのである。もう文化財か数寄屋（すきや）造りでしか見ることのなくなった柿職人（ここではザク屋と呼ぶことにする）の仕事を紹介する。

　ザク屋には二つの作業がある。ひとつは素材のザクを作るザク割りという仕事。もうひとつはそれを使って屋根を葺く仕事である。どちらか片方だけやる人もいるし、一人で両方こなす人もいる。雲雀さんは両方の修業を積んだ。

　ザクの主な素材は、天然杉の伐根（ばっこん）や幹、または栗である。今となっては天然の杉は希少なものになり、屋根材には使えそうもないが、かつては目が詰み、丈夫な天然杉が使われたのである。栗は屋敷内のものを屋根葺きの前に、ザク屋に材料として提供した。

　天然杉の伐根が多く使われたが、それは現在と違って、伐採の際に伐(き)る位置が高かったせいもある。昔は木の伐採は冬場の仕事であった。木が水を吸い上げるのを休む期間が伐採の時期であったのだ。トラックや林道が完備していなかった時代は雪の上を橇(そり)や木馬(きんま)で川岸まで運び出し、川を使って材を都市部に出した。伐採は雪中での作業ゆえ、どうしても伐根には高さがあった。伐採の位置が高かったのは他にも理由がある。大きな木を支えるための根に近い部分は癖が強いため、製材するには不向きであったからだ。しかし、今は違う。今は季節に構わず、チェーンソーで根本ぎりぎりから伐採する。

　木の癖(くせ)を読むことなく、機械で強引に製材し、寸法さえ合えばそのまま建材として使ってしまうからである。昔の高い位置で切り倒されて残る伐根にも利用法はあった。ザク屋根の材や「樽丸（たるまる）」と呼ばれる樽材に使ったのである。

伐根やザク割り用の木は、大きな鋸（のこぎり）で適当な大きさに伐（き）られてザク小屋に運ばれた。ザク割りは、山の伐採場のそばに小屋組みをして、材料が供給される間そこで寝泊まりして続けられたのである。

ザク割りには、柄と刃が真っ直ぐな大割りの鉈（なた）、柄と刃に角度が付いた小割りの鉈（共に片刃である）、それと両端に取っ手のついた「セン」と呼ばれる刃物だけで行われる。

作業はまずは八寸（約二四センチ）の長さに丸太を輪切りにする玉切りから始まる。八寸はザクの仕上がりの寸法である。玉切りされた杉の丸太を大割りという鉈で八等分する。刃を当て槌（つち）で叩き割る。みかん割りという。この一つひとつから一寸二分（三・六センチ）の厚さの柾目板を割り取っていくのである。三角形の形から割り出していくのだから長さは一緒だが、幅はしだいに狭くなる。白太（シロタ）と呼ばれる表皮に近い部分を取り去り、木口にセンをかけ一寸二分からさらに八枚の板を「小割り」という鉈で割っていく。

木口にセンを使うのは、割るのに鉈を当てるとき凹（くぼ）みがあるほうがやりやすかったのと、鋸で伐っただけの木口では切り口が粗く、そこから雨が染み込んで腐りやすかったからである。センをかけた木口は光沢がある。

宮大工の故西岡常一（にしおかつねかず）棟梁（とうりょう）は、仕上げにヤリガンナをかけるのは美しさもあるが、研ぎ澄まされた刃物で切ることで水が染み込まないようにするのだと語っていた。

ザク割り用の鉈もセンも実際にひげがそれるまで研ぎあげる。研ぐ時間を節約しないのは、切れない刃物では能率が落ち、疲れ、体力が無駄になるからだ。そしてなによりも同業者に見られたときに恥ずかしくないものを作ることと、依頼者のために長持ちするものを作ることが当たり前のことであったからだ。

出来上がったザク一枚は、木口で厚さ一・五分（四・五ミリ）、尻ではもっと薄くそぎ取られる。特殊なものの場合はこの半分の薄さに割った。一枚ずつ並べ十二間（けん）になる量を一把（いちわ）として結わえ、仕事の一単位とした。

杉の場合ならそれを一日で五把作ると大工の一日の手間と同じ料金

であった。それ以上に作る腕があればそれだけ稼ぐことができたのである。職人の収入は腕次第、仕事をする時間次第であった。こうしたやり方は、大工が一日いくらという手間賃で働くのとは違う魅力があった。この方式は、ザクを葺くときも同じである。

ザク葺きに使われる道具は、屋根に腰かける脚部が斜めになった椅子（いす）と、打ち付ける面が真四角で柄に釘（くぎ）の頭を押しつける金属板を取り付けた独特の金槌（かなづち）、杉の板で作った釘入れ。釘は昔は竹、今は鉄釘である。

ザクは大きな屋根になれば数人の職人が屋根に並び、軒先から順に棟（むね）に向かって、一枚一枚屋根に打ち付けていく。確実に素早く、美しく、乱れなく葺くことが求められる。

一人十把から十二把葺いて一人前の仕事であった。見習の弟子は職人の間に挟まれて両脇からせかされながら必死になって腕を磨いた。単純に板を並べたように見えるザク屋根だが、屋根の縁や棟、屋根と屋根のつなぎ目、化粧葺きなどさまざまな技巧があった。

葺き手はザクの良し悪しに厳しく注文を付けた。そぎ取りや手抜きがそのまま作業に響き、収入に差が出たし、美しさや丈夫さとして結果にあらわれたからである。

ザク屋の腕はそのまま収入につながった。腕を上げるには腕のいい師匠につくことであった。雲雀さんは地元の親方に弟子入りし、ザク割りと葺きの技術を身につけた。

しかし彼が一人前になって間もなく、秋田県もトタン屋根の時代になっていた。私が小学生のときに体育館の建て替えがあった。解体された古い建物の屋根はザク葺きで、子供たちは山積みにされたザクを組み合わせて宙に投げ上げる遊びに使ったものであった。解体跡に新しく出現したのは、観覧席を持ったトタン葺きの体育館だった。ちょうどその時代に雲雀さんは当たったのである。雲雀さんはあらためてトタン葺きの修業をし直し、さらに銅を葺く技術も身につけていくことで屋根屋の仕事を続けてきた。

もうすでにザク屋という仕事は忘れられ消えてしまったのだが、ここにきてまた需要が出てきた。町おこしや村おこしによる古い建物の再建や、古い武家屋敷の維持のためにザク屋根を葺く必要が出てきたからである。

そのたびに雲雀さんにお呼びがかかる。葺くだけなら大工や屋根屋でもできるかもしれないが、ザクを作る仕事だけは修業を積まなければできない。雲雀さんは自分たちがいなくなった後はどうするのだろうか、生きているうちにできるだけザクを割っておきたいと、いつの日か使われるザクを暇な時間に割っていた。彼の仕事場には研ぎ澄まされた刃物が並び、杉の香りがたちこめていた。

柳行李（やなぎこうり）を作る杞柳細工師（きりゅうさいくし）

かつてどこの家にも柳行李（やなぎこうり）というものがあった。柳で編んだ上蓋（うわぶた）のある大きな籠状の容器であった。衣類を入れて押入や納戸（なんど）に仕舞ったり、引っ越しの際はその行李に入れたまま送りつけた。

同じ素材で編んだバスケットや飯行李という弁当箱、小物入れや書類入れなどさまざまなものがあった。

コリヤナギという蔓のようにしなやかな柳を栽培し、それを使った細工である。

昭和四〇年、私は上京する際に衣類を入れた柳行李をひもで縛ってチッキで送った覚えがある。しかし、いつの間にか柳行李は姿を消し、近頃は引っ越しはすべて段ボール箱になった。今は民芸品店でコリヤナギで作られた飯行李を見かけることがあるが、ほとんどが日本製ではない。

このコリヤナギ細工を、大勢の職人を抱え、一大産業にしていたのが兵庫県の豊岡市であった。この町や近郊には今も職人たちがおり、杞柳製品協同組合がある。杞柳はコリヤナギのことをいうのだそうだ。組合の理事長である田中榮一さん（一九二三年生まれ）に会って話を聞き、製作者である丸岡正子さん（一九三四年生まれ）に仕事を見せてもらったことがある。

　材料のコリヤナギは自生のものではない。毎年植栽したものである。豊岡の市外を円山川が流れており、この川は昔はよく氾濫した。そのために河畔には稲は植えられなかったが、コリヤナギには適していた。畑に植えられたコリヤナギは秋に葉が落ちると刈り取って、むしろなどで囲って保存する。そして春にこれを田んぼに挿していく。柳は強い生命力を持った植物である。切り取った柳を門柱にしたら、枝が出てきたというぐらい強い。冬を越したコリヤナギは田んぼに挿されると根を下ろし新芽を吹き出す。まっすぐにいい柳を育てるためには出てくる新芽を欠いて枝を伸ばさぬように手間をかけた。

細工に使われるコリヤナギは皮を剝(む)いた真っ白な幹を使う。そのために、柳の皮を剝かねばならないが、皮を剝くことができる時期が決まっている。木が生長し、樹液が回り、皮と幹の間に水気が多いときである。この時期より早くても遅くても、時期を逃しても皮は剝けない。この生長の時期に再び刈り取って皮を剝く。

皮を剝いた柳を川で洗い、ぬめりを落とし、陰干し(かげぼし)して完全に干しあげる。水分の多い生のものを編んだ製品は、乾燥すると隙間(すきま)ができてしまうし、かびもはえる。

コリヤナギの栽培は豊岡だけではなく、各地で行われた。特に高知県四万十川流域の柳は「土佐柳」と呼ばれて定評があり、かなりの数が生産された。こうして各地から皮を剝いて乾燥させたものが送られてきた。豊岡に送られてきた柳は最盛期には何十万貫にもなったという。それをこなすだけの職人が揃っており、それだけの需要があったのである。

豊岡ではこの材料を太さや性質によって大葉、中葉、細葉に分けて、それぞれ、大きな行李や、鞄、飯行李などに使った。

丸岡さんが飯行李を作るところを見せてもらったのだが、実に簡単な道具である。

行李板という松の板。飯行李を作るさいに作業台になる板で、中央に墨線がひかれた小さなただの板である。この板は嫁に来るときに実家から持ってきたもので百年は使われてきたという。娘たちは親からこの技術を習い、冬の内職とした。そして行李編みは嫁入りのためには欠かせぬ修練であったのだ。

道具はほかに竹で作った二〇センチほどの弓。この弓に撚(よ)りをかけて丈夫にした二本の麻糸を張り、その糸を下にして交互に柳を挿していく。並べられた柳の間を麻糸が横糸として走り、編み込まれていく。飯行李や小物行李は縦・横がすべて柳ではなく、横糸は麻である。

ほかに道具は、編みかけの柳がじゃまにならないようにしっかり押さえておく抑え木。それと飯行李の型。型があるとはいえ、それは決められた大きさにするためのもの。あとは鋏(はさみ)と挟み竹、糸巻き。いずれにしろ道具といえるほど凝ったものはなにもない。

作り手の手は早い。丸岡さんも昔は一日に飯行李を百個は作ったという。仕事は分業になっており、本体を編む人、縁をかがる人が別々であった。そのほうがはかどるからである。

第二次世界大戦のときは豊岡市で兵士の荷物入れのために百万個以上もの行李を作ったというが、今はほとんど注文はない。時代が必要としなくなったのである。

それでも、豊岡市は今も鞄作りを主産業としている。素材は変わったが、旅行用鞄を作り、長い間に培った流通を活かしているのである。

飯行李は通気性があり、ご飯が夏でもいたまず、おいしく食べられたというが、今はプラスチックの弁当箱に取って代わられた。柳行李は投げ捨てられても壊れることもなく、耐久力があり便利な輸送用容器であったが、今は使われない。

技術は今ならまだある。注文があればやれないことはないというが、地元の人たちが作る飯行李は今は工芸品扱いで、一個が一万円を超える。日用品ではなくなったのである。工芸品になった飯行李がかつてのものより優れているかといえば、そうとはいいがたい。理由は簡単である。いい素材がないからである。

かつては一大産業として広大な面積でコリヤナギが栽培されていた。その柳が今では伝統を保つために細々と栽培されているに過ぎない。気の遠くなるような量の中から専門家が目的に合わせて選び、それをたくさんの職人が腕を競いながら作り上げていたのである。日本の多くの手工芸品は素材を生かすことに重点を置いた。今はその材料の供給が限られているのだから高品質の製品を作り出すことは難しい。

丸岡さんも田中さんも嘆いていた。

「道具といってもこんなもんでしょ。あとは年季です。数作っていれば誰でもうまくなります。それでもいい材料が……なくてね」

「それに数を作りたくても注文がないからね」

そうなのである。職人はいても腕を振るうだけの材料と注文がなくてはどうにも良いものを送り出すことはできない。

昔でいえば三流品扱いであったかもしれない素材で、いいものを作れというのは酷である。そして、細々と生き延びようとする職人技も出来上がる作品に誇るものがなければ、自分たちの首を締めるだけである。

今は中国から五分の一以下の値段で同じ形をした飯行李が大量に輸入され、店に並んでいる。観光客や民芸好きは素材のおもしろさにひかれて買っていく。

それを見ながら、地元の職人たちは「あんなもんは杞柳細工と違う」というのだが、再生の道は険しい。趣味や技術保存のための教室が開かれ、技術は細々と受け継がれていくかもしれないが、産業の道からはずれた技術は、その完成度を維持することは難しい。

家の中にプラスチックの容器があふれている。洗いやすく、清潔で、水が漏れず、軽くて丈夫、そして安い……。

私たちが物を選ぶ基準が、あれだけ普及していた杞柳細工をほんの一世代の間に消してしまったのである。作り手も健在で、使った人たちが生存しているというのに、行李は消えてしまった。消えたのは行李だけではなく、コリヤナギの生産者たちと栽培の技術も一緒になくなってしまった。

静岡県掛川の葛布織り

葛布を作る人たちはもうほんのわずかしかいない。葛布がどういうものか知らない人も多くなってしまったが、昭和四〇年（一九六五）ごろまでは盛んに織られ、欧米に壁紙やふすま紙として輸出されたものであった。

材料は野生の葛（クズ）である。

日本各地のどんな山や野原、空き地、高速道路ののり面にさえもクズは生えている。夏の暑いころから秋にかけて、マメ科独特の蝶々の形をした紫色の花の集合しているのを見たことがないだろうか。小さな茂みや林の入口を覆う猛々しい生命力をもち、毛のはえた大きな葉や、ところかまわず伸び絡まる蔓からは想像できないほどの甘い香りをもっている。このクズの蔓から糸を取り機で織ったのが葛布である。

林業者を泣かせ、電信柱に蔓が這い上れぬよう業者に特殊な器具を取り付けさせるほど強引な生き方をする姿からは想像できぬほど、クズから取り出される糸は繊細で、すばらしい光沢を持つ。

植物でありながら、絹にも負けぬ光沢を放つ糸は、優雅さゆえに裃(かみしも)や蹴鞠(けまり)遊び用の袴(はかま)にも使われてきた。

葛布はこうした儀式用ばかりではなく、水に強いという特性を生かし、座布団カバーや暖簾(のれん)、手提げ鞄、帽子など、さまざまな製品に加工されている。

しかしながら、葛布を織る人たちは日本中で静岡県掛川(かけがわ)市に四軒しか残っていない。

家業の葛布織りを継いできた「川出幸吉(かわでこうきち)商店」四代目川出茂一(かわでもいち)さん（一九二一年生まれ）はその一人。日本各地、どこでも取れるクズだが、掛川が盛んなときはもとより今に至ってもずっと葛布の特産地でありえたのは、鎌倉時代にさかのぼる伝統のおかげである。

伝統や歴史は風土と相まって技や人を支えてくれるのである。

葛布の仕事は二つの異なる作業からなっている。

ひとつはクズの蔓から糸を作る作業。もうひとつはその糸を使って布を織る作業である。

糸を作る作業を「葛苧（くずお）作り」という。その工程を追ってみよう。

まずはクズの採集から始まる。季節は夏の真っ盛り。六月、七月、八月、九月、十月にその年に出た蔓のうち、地面を這（は）う「這い葛」を採集する。木や草に絡んでいる蔓は「立ち葛」といって使わない。立ち葛は素直に裂けないし、癖がついていて使えないのだ。またこの季節を過ぎて採集した蔓は糸に汚れが出るために使わない。

蔓は子供の指ほどの太さにまでなり、根元から六～七メートルに伸びている。そのため採集者は真夏の暑い盛りに、藪（やぶ）や草原を這（は）って蔓を刈る。大変な重労働である。

それぞれ仕事には長い経験から導き出された結論がある。長い時間の中で行われてきた試行錯誤から生み出された結果を踏襲するのである。たとえば、クズを刈ることひとつにしても、蔓の良し悪しの基準がある。

よい蔓とは、次のような条件をもっているものをいう。

生長が早いもの

枝分かれがないもの

長いもの

太いもの

節と節の間が長いもの

節が低いもの
土が肥えたところで育ったもの
草陰にあるもの
蔓が紫黒色か緑色で太いもの
穂先にいくほど太くなるもの
悪い蔓は、
雨が降り続いた後のもので、こうしたものは節ごとに黒色に変色
する
また高地に生えているものも黒ずむ
緑色でも蔓に毛が生えていないものは、肉が薄く効率が悪い
よい蔓を得るためには、自然のまま放っておくのではなく、蔓発生

前に古い蔓を刈り取って勢いがよくなるように、発芽を促すこともする。

蔓の採集は糸作りの基本である。

採集から糸作りまでは農家の人の副業であるが、何代にもわたって引き継がれてきた無言の規約がある。

それは、常に「よい糸を納めること」の一言につきる。

量をとれば一回はお金になる。質が悪ければ、それっきりである。末長く、息子や孫たちが同じ作業を続けていくことを考えれば、よい品を作り出す人であるほうがいいのだ。

こうした心構えは作業にあらわれる。

採集した蔓から葉やゴミを取るのだが、このとき必ず根本のほうから先に向かってこそぎ取る。逆にするほうが葉は簡単に取れるのだが、そうすると蔓の皮に傷がつく。

糸に傷をつけないためには面倒でも根本からこそぐことになる。この考えはすべてにわたっている。

葉を取った蔓は太さを揃えて、十本ぐらいずつまとめて輪にする。これを沸騰した釜に入れて煮る。煮ると、蔓は紫から鮮やかな緑色に変わり、さらに黄色になる。そこまで煮たら、きれいな川の澱みに漬けておく。

その間に、地面に一メートル四方、深さ三〇センチの室を作っておき、ススキなどの雑草を敷きつめ、川から引き揚げた蔓を入れ、雑草をかぶせて、ビニールシートで覆って発酵させる。

敷きつめる雑草の中にヨモギやタンポポなどが入ると繊維が黄色に染まってしまうので、取り除いておかなければならない。こうして室の中で二日間ほど風呂の温度程度の暖かさに保って発酵させる。低すぎても、熱すぎてもよくない。手を入れて温度を加減し、まんべんなく発酵がゆきわたるようにする。

煮る過程、発酵の段階で温度加減を間違えると繊維が弱くなるので十分な注意を払う。

発酵してどろどろになったものを取り出して水に浸け、腐敗した外皮を取り除く。この作業を「フジ洗い」という。外側の粗い外皮を取り除くと、甘皮といわれる繊維の多い部分が残る。ここを「靭皮」という。靭皮には繊維が多く含まれ、ここが発達した植物を靭皮植物といい、糸、紙、布の原料とする。

外皮は取り去ったが、必要なのは靭皮だけ。不要な蔓の芯（しん）を抜き取らなくてはならない。

根本から十数センチほど剝き、靭皮を木質部の芯からしごき取る。秋になると芯と靭皮の間に綿状のものができ、糸の性質を悪くするからその前に作業は終わらなくてはならない。

こうして集めた靭皮を「葛苧（くずお）」という。

これを再び洗い清める。この作業を「苧洗（おあら）い」という。何度も洗うことで苧をきれいなものにするのである。「苧」は本来は麻の意味であるが、こうして植物から作った糸をもいう。

ここまでに何回も水で洗う作業があった。なぜ何回も洗うのかは、出来上がった繊維を見れば納得がいく。清められた糸は真っ白な光沢を放つ。最後に、米糠（こめぬか）の汁か米のとぎ汁に一晩浸（つ）けておく。

どの作業も繊維を黒めたり弱くならないように細心の注意と加減を必要とする。

とぎ汁から出した苧を水洗いし、乾燥させて葛苧が完成するのであるが、一キロの苧を作るために五〇キロの蔓を採集しなくてはならない。たったの五十分の一しか出来上がらないというのに、ここに至る工程、手間、気遣い、温度管理などを考えると気の遠くなるような作業である。これらの作業をひとつとして手を抜かずに先人たちはやってきたのである。またそれだけの手間をかけてでも欲しい美しい糸であったのだ。

こうして出来上がった苧にも等級がある。

優等品は、強く、裂がなく、黒い傷や垢がなく、色は純白でやや水色を帯び、絹にまさる光沢を持ち、三メートル以上のものが揃っていること。

上等品は、優等品よりもやや光沢が劣るもの。

中等品は、強さはあるが、優等品の条件が満たされていないものをいう。

強さに問題があれば糸を結ぶことができないので、まったく価値がないものとなる。

こうしてできた葛苧を細く糸状に裂いて、結び、長い長い糸にする。

細い糸をつくるために針を使って裂いていく。

機織（はたお）りに使う糸はふつうは「機結（はたむす）び」という結び方をするのであるが、葛布の場合は「クズ結び」という結び目の端が一方向に来るように結ぶ。こうして結んだ長い糸を割り箸に「8の字」に巻きつけて納める。

私が話を聞いた一九九五年で、出来上がった葛苧一キロの価格は一万五千円で、苧を作る農家は一軒当たり一シーズンで百万円ほどになるといっていた。意外に収入が多いのに驚いたが、百万円働くとなると三四〇〇キロの蔓を刈り取らねばならないのである。この葛苧作りの人は、掛川の奥の集落、倉真（くらみ）や桜木に各六人ずつ十二人ほどといっていた。

糸は生産者によって、太さや仕上がりに差がある。それは織り手によって個性として生かされていくのである。

作り上げられた糸は織元であり糸製作の依頼者でもある川出さんのところに届き、ここでさまざまに織られ、製品に加工されていく。葛布は織り機にかけられるが、縦糸は麻や絹、木綿、テトロンなど葛以外のものを使う。葛苧は8の字に巻いた箸からはずし、そのまま濡（ぬ）らして杼（ひ）に入れて織り機の上を横糸として走らせる。

乾燥すると糸がこわくなるために濡らしたものは一気に織りあげなければならない。ほかの織り物と違って、独特の光沢を生かすために糸に撚（より）をかけず、そのまま使う。

これから先は杼が一回走るたびに、糸一本の太さぶんだけ布が織られていくという手織りの作業にかかる。

かつて掛川市だけでも四十軒もあった葛布屋が一九九五年には四軒だけになってしまったのは、昭和三五年（一九六〇）ごろから安価な韓国産が出現し、市場を奪われたことによる。それ以前から、韓国では日本向けの葛苧を輸出していたのであるから、いずれ製品を作ってくるのは考えられたことではあるが、人件費の高騰によって、日本は競争から脱落していった。

これは葛布だけの問題ではない。すべての分野において日本の人件費が高くなった。そのぶんだけ生活が向上したのであるが、所得の向上は日本人の生活や考え方そのものにも大きな変化をもたらしたのである。

私が訪ねたころ、葛苧を作る人たちは七十代の女性が中心で六十代は若手であった。川出さんのところでは息子さんが後を継いでいるし、お孫さんも自分もやるといっていたが、採集の重労働や各工程での手間をかけた仕事、微妙な加減を伝えていけるかどうか難しい問題を抱えている。

独特の光沢を持った葛布は、採集から手数を踏んだ工程なしでは生まれないのである。それと大きな問題は糸を洗い清められるきれいな川があり続けるだろうかということだ。日本中に持てあますほどのクズがはびこっているのに、使い道を失い、人々は秋の七草のひとつであるこの植物を悪者扱いしている。

対馬（つしま）の手作り釣り針

釣りがブームである。釣具屋にはあふれるほどの道具が並んでいる。日本のメーカーの製品は安く、性能が優れていることから海外でも人気が高い。

竿（さお）や糸や浮きなど釣りに必要なものは山ほどあるが、一番、肝心な道具は釣り針である。釣り針は、対象魚の種類や大小、季節、沖か磯（いそ）か、餌（え）の種類、漁法によって変わる。地方ごとに釣り針の形も名前も違う。

たとえば、『日本水産捕採誌』に掲載されている現代の関東地方の釣り針の項を見ると、角型、行田型、田辺型、丸型、ミコシ型、角カイズ型、アブミ型、イナズマ型、丸カイズ型、キツネ型、カキダシ型、オキヅリ型、ソデ型などの種類が紹介されている。これは関東地方の針のごく一部である。

針の形の変化は、漁法の進化であるのかもしれない。

個人により釣り方に工夫があり、工夫の末に釣果が上がれば、それは普及する。他人よりより多くの魚を安定して釣ること、それが漁師の仕事であるとすれば、彼らは日々漁具を改良し続けることになる。ほんの少しの釣り針の形の違いが漁獲に影響を与えるのだ。

それほど魚を釣ることは微妙で、釣り人は研究熱心で、漁師は実践力がなければできない仕事である。

大分県の佐賀関町の漁師に話を聞いたとき、地元でも一、二の腕を持つ彼は自分の息子を漁師にしなかった理由をこう語った。

「息子に漁師をやらせなかったのは頭が悪かったから。頭の悪いやつに漁師はできません。海も、風も、魚も同じとき、同じものなんてないからね。それを判断し、対応し、そのうえ自分の思うところに思うように針を流せるのは馬鹿じゃ無理です。だから、息子は会社員にしました。言われたことぐらいはできるでしょ」

漁師のほとんどは自分で擬餌針を作る。擬餌針は元になる釣り針を買ってきて、その針に自分なりの工夫を凝らすことで完成する。釣り針は昔は各地方ごとに作り手がおり、その作り手の特性にもとづいて名前がついていたし、彼らは漁師の細かな注文に応じて釣り針を作って供給していた。

その釣り針が今はメーカーが送り出す工場からの製品に変わってしまった。

全工程を手作業で釣り針を作り続けている人は、現在日本にたった一人しかいない。

長崎県対馬の厳原町の「満山釣製造所」の満山泰弘さん（一九四七年生まれ）は、十二段階にわたる全工程を一人でやっているただ一人の製作者である。満山釣製造所は創業慶応元（一八六五）年で満山さんは四代目に当たる。看板に釣製造所とあるのは、彼らが昔から釣り針のことを「釣」と呼んできたためである。

今ではさまざまな性質の鉄材が揃っているが、江戸末期に、満山釣の創業者が始めたころは素材の鉄作りが大変な作業であったらしい。

初代は純鉄の針金を作り、それを加工して釣り針を作ってみたが、伸びたり曲がったり、折れるなど釣り針として弱かった。次いで鋼鉄の塊を鞴（ふいご）を使って熱し、鍛えて、釣り針にした。これはなかなかのできばえであったが、手間がかかり値段も高かった。そこで二代目に至り、純鉄の針金を炭素焼きして鋼鉄を作ることを見つけ、いいものができるようになったという記録が残っている。

かつては素材の鉄ひとつを作るにも大変な苦労があったのである。

現在はさまざまな成分を持った鋼鉄線が容易に手に入るが、その加工法から鍛錬に至る過程には代々継いできた伝統が生きている。

釣り針を作るには大きく分けて二つの工程がある。鍛冶屋の作業と、釣り針の形を整え、先を鋭く研ぎあげる細工場（さいくば）の仕事である。

自宅脇にある満山さんの仕事場は、工程に合わせて二つに分かれている。一方には鞴と炉のついた鍛冶場（かじば）。隣に四畳半ほどの板敷きの細工場がある。そこには頑丈な作業台と当主の作業机が置かれている。

この作業台は初代から使われている欅（けやき）材で四人分の研磨台が付いている。かつては職人たちがそこに並んで作業をしていたというが、今は満山さんただ一人が当主の座に座って仕事をしているだけである。

釣り針の形や大きさは、注文に応じて作られるが、基本は百五十年間作り続けてきた満山型。大きさは十三号などの小さなものからマグロ用の大きなものまでさまざま。

十三号は「寸三（すんさん）」とも呼ばれるが、それは針をまっすぐに伸ばしたときの長さが一寸三分（約三・九センチ）であることをいう。十五号、「寸五」であれば一寸五分（約四・五センチ）である。

満山さんの釣り針の製作工程を紹介していこう。

材料となるのはピアノ線。作る釣り針の大きさに合わせた鋼線から、針を二本合わせた長さを切り取っていくのであるが、届けられた鋼線はとても硬くて金切り鋸では切れないために、一晩「蒸し焼き」する。強くも弱くもない火でゆっくり鋼線を丸ごと焼くのである。こうすると鋼線が幾分軟らかくなり金切り鋸が使えるようになる。

蒸し焼きした鋼線を切断する。寸法は実際に出来上がる釣り針二本分よりもやや短く切る。後の工程で打ち延ばしするためだ。切った鋼線は中央に切れめを入れ、寸法を揃えるためにグラインダーをかける。

こうして準備が終わったところで鍛冶の工程に入る。鍛冶場はミニチュアの鍛冶屋の装いである。釣り針を入れるだけの小さな炉、その左に炉に風を送る鞴、右に鉄敷（かなしき）、寒（かん）の水を入れた水槽（すいそう）と椿油（つばきあぶら）の入った壺（つぼ）。これは焼き入れのためのもの。当主の席は掘り込まれた溝に板を渡し、炉に向かい合うように作られている。

鍛冶場での作業はまずは「火作り」。

切断した鋼線を十本ずつまとめて炉に入れて焼く。先の工程で二本合わせた長さにしておいたのは火作りをするとき、一本の長さでは短すぎて作業がしづらいからである。

鞴（ふいご）で風を送り、炭をおこし鋼線が赤く熱し、赤みが黄色になり透明感を増したところに取り出し、鉄敷の上で、ハンマーで叩きながら釣り針の先端にあるモドシやカエシと呼ばれる鏃(やじり)のような部分(満山さんのところでは「イケ」と呼ぶ)と、糸を結ぶためのチモトと呼ばれる部分を作る。このとき使われるハンマーは日本刀を作るのと同じ玉(たま)鋼(はがね)から作られたもので、柄はハンマーの中心部よりずいぶん後ろ側に取りつけてある。こうした形でなければ叩き出しができないのだという。

この作業は一本ずつ、途中で火を入れながら行う。熱の加減は経験から火の色で確認していく。この段階では鋼線は直線のままであるが、両端にイケ(返し)、中央にチモト(糸を結ぶところ)の原形を持ったものが出来上がる。この作業は注文にもよるが百本、二百本を同時に行う。

火作りを終えたものは、一晩、おこした炭の中に置き、「焼きなます」。まだまだ鋼線が硬すぎて、やすりかけや曲げの工程が行えないからである。素材の鋼線はそれほど硬いのである。

一晩、炭の中で蒸したものを取り出し、まず、ペンチで二つに折ることから始まる。これからの作業はしばらく、細工場での台に向かって正座の仕事となる。

作業台には鉄の叩き台が載せてあり、この台の上で鋼線をまっすぐに直す。さらに半丸やすり、刃やすり、三角やすりの三本のやすりを使ってイケを削り出す。

材料は二ミリほどの太さで数センチの鋼線のため、手で持っての作業には無理がある。このために「釣鋏」という独特の針を固定する鋏を使って作業をする。

直線やイケの切っ先の研ぎ加減、「ミカヅキ」と呼ばれるイケの反り加減などは勘と視認で仕上げられる。そのため、窓や作業台の位置は、柔らかな明かりが入るように気を配ってある。仕上がりを確認するためにはガラス板に載せ、わずかな歪(ゆが)みや曲がりを確認しながら修正していく。

こうしてチモトとイケが仕上げられ、一本の釣り針をまっすぐ伸ばした形が出来上がる。

これを使い手である漁師からの注文の形に曲げる作業を「型曲げ」という。曲げようとする曲線に合わせて鉄製の曲げ型があるので、それを「型ばさみ」という樫(かし)の木で作られた大きな洗濯ばさみのようなものに取り付けて作業する。

イケを一方に挟んで曲げるのであるが、力の加減が全体に均等に入るようにしなくてはならない。この曲がり加減は釣り針の重要な要素である。だいたいの形が出来上がれば、「チマゲ」と呼ばれる道具で形を微妙に修正する。柄に付けた刃の先端が凹型になった道具である。経験と勘だけが頼りの地味な作業である。

満山さんは送られてきた見本どおりにすべての釣り針を仕上げていく。出来上がった釣り針は、重ね合わせてみせてくれたが、寸分の狂いもない、鋳型で作ったように同じ形であった。目と訓練を積んだ手はそうした作業をいとも簡単にやってのけるのだ。

ここまでが細工場での仕事で、このあとは再び鍛冶場の作業に入る。

針の形が出来上がったものを焼き入れする。焼きを入れることで、折れたり曲がったり、開いてしまったりしないように釣り針を粘り強い、硬いものにするためである。

この焼き入れ次第で釣り針の強度が決まる。

釣り針は形だけでは魚は釣れない。魚の重さや暴れ、水の抵抗力に対して十分な粘り強さと強度を持っていなくてはならない。

焼き入れに使用される木炭は楢(なら)などの柔らかな炎の上がるものを使う。鞴で風を送りながら真っ赤に熱し、ここぞと思うところで炉の脇にある椿油(つばきあぶら)に入れる。椿油は地元産のもの。油に入れた瞬間、炎が上がる。炎の具合を見ながら、それが消えたのを見計らって隣に汲み置いてある水に入れる。水は寒(かん)の水が腐らぬからと、その時期のものを用意してある。

これで一回目の焼き入れが終わるが、この状態の釣り針は硬いが、もろく、ハンマーを落としただけで折れる。そのためにもう一度火入れをし、自然状態で冷ます。こうして焼き戻し、硬いがもろい鉄を材料の鋼線との中間くらいの強さにもっていく。

こうして焼き戻しされた釣り針には椿油の真っ黒な皮膜がついている。このままではメッキができないので、砂を入れた石臼（いしうす）の中でかき混ぜ、皮膜（ひまく）を落とす。

磨き上げられた針に錫（すず）のメッキを行う。メッキは錆（さび）を防ぐとともに金属光沢で魚の興味を引くという。

一度に十本ほどの針をメッキするだけであるから、メッキの作業は小規模なものであった。茶碗ほどの瀬戸物の容器に亜鉛を入れて塩酸を注ぎ、釣り針を入れる。一方、七厘にかけた小さな鉄鍋に錫を溶かす。塩酸に浸した釣り針をこの鉄鍋に入れ、十分錫が付着したと思われるところで取り出し、石板に叩きつけ余分なメッキを取り去る。この作業は庭先で行われるのであるが、叩きつけられた釣り針は四方に散る。これを拾い集めて、水で洗浄し、布で磨き上げて完成である。

ここまで三日はかかる。いくつかの種類の針を同時に進行しようと思えば、鍛冶場の仕事、細工場の作業、焼き入れと、まとめてやるので五日から七日かかる。

釣り針は小さな製品であるが、その過程には正確無比な職人の技と火の色を見る鍛冶屋の目と勘、最後に化学屋の仕事がある。

こうして作られた鯛(たい)用の釣り針は百本の代金が二万五千円（一九九五年当時）。一本二百五〇円の勘定になる。市場に出まわっている工場製品の同じサイズのものが一本六、七〇円というから、満山釣は四、五倍の価格である。

満山さんはいう。

「工場の大量生産が悪いとはいわないが、大量な中には悪いものもある。自分の釣には細心の注意を払ってあるから、その確率はわずかである。プロの漁師は一尾の鯛を釣り上げれば四、五千円にはなる。その鯛をちょっとしたケガで失えば、すべてがパーになる。プロの仕事は一尾を賭(か)けることとの積み重ねである。それだったら、ケガのない釣を使ったほうがどれだけいいか」

ケガは漁師の言葉で、釣り針が折れたり曲がったり、開いたりすることをいう。

ケガのない針を使うこと、そのうえ自分の思うような釣り針を手に入れられるなら、四、五倍の値段でもけっして高くはないだろう、と。

そう思う漁師や満山釣を使いたいというアマチュアからも注文は来る。注文を取りに行かなくても、ほとんど市販されていなくても生活できる程度の注文はあるという。

しかし、一日中正座し、精神を集中し、精魂を込めて削り出しても、平均して百本を仕上げるのに二日か二日半はかかる。それで売上げが二万五千円であるから、けっして儲（もう）かる仕事ではない。

「だから、皆さんやめていったんです」

すでに父の代から、日本でただ一人の手作り釣り針師であった。それ以前には土佐や岐阜にそうした仕事人がいたのだそうだが、工場生産品が出まわるようになって、けっして儲からなくて神経をつかう仕事に見切りをつけ、やめていったのである。

彼には「伝統の技の保持」という重い言葉がのしかかっている。伝統の保持だけが目的では技は引き継がれていかないだろうが、彼には漁師たちがいる。技は使い手がいてこそ育ち、のびていく。

息子さんが一緒にやることになれば、当主の座に一人だけだった細工場に数十年ぶりでもう一人の職人が座ることになる。

鹿児島の箕作り

日本中どんな農家にも箕という道具があった。過去形でいうことはない。今もある。物置や納屋の壁に掛けられているのを見かけるし、大豆や小豆などが収穫されると、箕をふるう作業が始まる。箕は収穫物からごみや殻を選り分けるための道具である。殻やごみ混じりの豆や米を箕の上に載せ、ふるうと比重の大きい豆や米は奥に、ごみや殻は先に分かれる。それを吹きつけるなりして払い落とす。単純な道具であるが、これに代わるものはない。

箕を作る素材は各地でさまざまだが、形はどこもほぼ一緒、大きなちり取りのような形をしている。すくい、ふるい落とすのに便利な広い口と、必要なある程度の摩擦と逆の作用である滑りのよさをあわせ持ち、幅は日本人の肩幅に合わせ、何時間もの作業に耐えられる軽さで、かつ丈夫でなければならない。こうした条件を満たすように箕は作られている。

各地でさまざまな箕を見た。

一番多く見かけるのが竹で編んだものである。東北に行くと、縦軸を藤の蔓、横をイタヤカエデや山ウルシの木をへいで（そいで）作った薄い板状のもので編んだものがあった。縦軸に柳を使ったもの、木の皮を剝（は）いで、生のうちに箕の形を作り上げたもの、近年では梱包（こんぽう）用のビニールの平ひもを使ったものもあった。

そうした中で、一番手の込んだものが鹿児島県日置郡金峰町に住む時吉秀志さん（一九一三年生まれ）の作る箕である。彼の生まれ育った阿多地区は百戸ほどの集落で、その半数の家が箕を作っていたというが、私が彼の仕事場を訪ねた一九九三年の時点では、本来の伝統的な箕を作ることができる人は三人いるが、実際に職業としているのは時吉さん一人だけであるといっていた。

彼一人になってしまった理由を「材料を採りに行き、素材を作って編みあげるのはとてもきつい仕事です。それでみんながやめていき一人になってしまいました」といっていた。

時吉さんの箕の材料は、山桜の皮、金竹（蓬莱竹）、縁を作るための山ビワもしくは山ガキ、縁をかがるための藤カズラ。時吉さんはこうした材料を組み合わせて作る自分たちの箕が本物であって「竹だけで作ったのは本物の箕とはいわない」という。そして、彼ら竹細工師たちとの間には仕事に暗黙の了解として分担があって、自分たちはざるや竹細工はしないかわりに、彼らもこの山桜や山ビワ、藤カズラを使った箕は作らないし、作れないのだと。

箕作りでは材料の調達がかなりのウェートを占める。時吉さんは、藤カズラは今、専門の採取者から購入しているが、ほかのものはすべて自分で採集している。

藤カズラも体がきくころは先祖から教わった場所のものを採集して、ずっと使ってきた。修業のひとつは父と一緒に山を歩き、どの場所に生えるどんなカズラがいいかを教わることから始まった。藤カズラは

四、五年に一回、同じ場所のものを刈ることができる。材料の採集に関してはほかにも問題があるので後ほど改めて取り上げることにする。

竹だけで作り上げる箕では素材の話に例が挙げられないので、時吉さんの箕と秋田県の箕を比べながら製作の話をしていく。秋田県には竹細工に使える竹材がない。真竹（まだけ）も淡竹（はちく）も孟宗竹（もうそうちく）もないのだ。そのためにイタヤカエデや山ウルシの木を細く割り、へいで薄い帯状の素材を作り、それを竹の代わりに使って、籠やコダシ（腰や肩からさげて山菜や弁当を入れる容器）を編む。

時吉さんの箕は「床」と呼ばれる部分は金竹のひごを編み、山桜の皮を細い帯状にして編み込む。時吉さんたちは山桜の皮を「カバ」というが、これは秋田の箕を作る人たちも同じ呼び方をする。縁は山ビワをひもで縛って箕の形にしたものを使う。この縁の山ビワと床をかがるのは藤カズラである。

金竹は標準和名を蓬萊竹（ホウライチク）という。本来東南アジア、中国産の竹であるが鹿児島には自生している。「一株が大きなものでは八畳ほどの密集になり、昔は山の境界に植えてありました」という。

この竹は生長が早く、三カ月ほどで一人前の大きさになるが、細工にいいのは二年ほどのもの。皮が薄く、折り返しても折れないのが箕作りに最適な理由である。

「ほかの竹やったら厚くてできないんです」

密集するために風で傷がつき、虫が穴を開け、中に水がたまってしまうようなものはよくない。いいところだけをとって竹ひごを作る。

かつては仲間同士で山に行き、そこで粗ひごと呼ばれる段階まで仕上げて持ち帰った。

竹ひごを作るには、粗ひごを含めて三工程ある。粗く取って、それをまた小さく割って、仕上げる。子供の手伝いは、父親が割った竹の内側の身の部分を剥ぐことであったという。

時吉さんの箕には、竹の表と裏を用に応じて使う。表は滑りがよく、米や豆が落ちやすいように、裏を使うのは滑りを止めるように使う。

箕の縁は持ちやすく、丈夫で軽くなければならない。山ビワを使うのは、柔らかく、自由に曲がって、折れないからである。この山ビワを縁にして、藤カズラでかがってある。カズラは山から採ってきたものは、そのままでは固いので、藁打ちで叩いて柔らかくして使う。

標準的な大きさの箕は幅が二尺、約六〇センチあるが、この間に二〇本のカバが入る。一本を一間と数え、二〇間を基準とする。時吉さんたちが作る箕は丈夫で、二〇年から三〇年は使えるという。

秋田の箕は、床に当たる部分を「へだ」と呼ぶが、縦軸を藤の蔓からへいだ薄い帯を、横にイタヤカエデ、または山ウルシを使って筵織（むしろお）りにする。やはりカバを使うが、これは「あぐど（かかとの方言）」と呼ばれる箕の奥に補助を兼ねた飾りとして入れる。

秋田の箕の縁は、山ビワではなく根曲がり竹を使う。根曲がり竹の標準和名はチシマザサ、積雪地帯に多い二、三メートルになる笹である。この笹の稈（かん）を二本使う。縁のかがりはイタヤカエデ。後に取り上げるが、秋田の箕はイタヤ細工師たちの仕事である。ところが時吉さんたちの仕事は箕専門。

箕作りといえば、三角寛（一九〇三〜七一）の論文にあるサンカの集団の仕事を思い出すが、時吉さんは自分たちの祖先は箕作りの仕事を彼らから教わったと聞いていると話していた。話が箕作りの道具におよんだときにも、「ヤマガラシ」という刃物を使うというのだが、サンカの人はこれを、「ウメガイ」というと説明していた。

時吉さんの道具の中で一番に特徴的なものは箕刀。樫の堅い木の包丁である。形は出刃包丁に似ているが、出刃包丁の刃から峰への幅がもっと大きい。峰を厚くした大きな三角形に柄をつけたものを思ってもらうといい。

自分の手や力加減に合わせて作るのだそうだが、ずしりと重く、木とはいえ刃に当たる部分は鋭い。時吉さんは「四十年ぐらいこれを使っておりますが、もう刃を十年ほど立てていないがまだまだ十分使えます」と竹を裂いてみせた。刃を立てるという表現をしていたが、まったくの樫で作った木の包丁である。使い込んだ箕刀は光沢を放っている。こうした道具はほかの竹細工師たちのところでも見たことがない。彼らだけが使う道具である。それゆえに、この箕刀を持つことに強い誇りを持っている。

ほかに箕作りの道具は竹やカズラを切る鋏（はさみ）、カズラや竹ひごを通すために使う畳針、カバの細工に使うふつうの小刀（これを彼らは「ブッシ」と呼ぶ）、桜や竹を刈る鎌で市販の物を使う。

鹿児島県金峰町の現役の箕作りは時吉さんたった一人である。

仕事がきつい、材料採集の大変さ、修業の厳しさなどさまざまな要因を彼はあげていた。特に山桜の皮が手に入りづらくなったという。その材料のことについて記す。

材料の供給が難しいことだけが、時吉さんを最後の箕作りにしてしまったわけではない。それよりもっと大きな原因は、箕の需要がなくなったことにある。

需要が多ければ、供給者たちもさまざまな工夫を加え、新たな資源を捜しただろう。しかし、箕を作れる人が三人、現役が一人となれば、すでに特別天然記念物のトキがたどった運命と同じである。

時吉さんには私が訪ねたとき四〇歳になる息子があり、仕事を手伝っていたが、時吉さんは一人前にはなれないだろうと厳しい評価を下していた。十分な仕事がなく、必要なだけの修業を積むことができなかったからだ。そのうえ箕作りには職業として成り立ち得るかという問題がある。時吉さんがすべての材料を採集し、下ごしらえを終えたものが目の前にあるとして、床を編むのに仕事に集中して三時間、縁を作るのに三時間かかる。こうしてできた箕は大きさにもよるが、一個一万三千円ほど。採集、下ごしらえの大変さを勘定に入れると成り立つ仕事ではないかもしれない。

材料が自然からの採集のためにただ同然で手に入るとしても、それにかかる時間はかなりのものである。一枚の箕を作るのに、竹が二キロ、山桜が三本、山ビワが二本。カズラは一キロ千円で購入していた。

時吉さんが近頃作る箕はほとんどがミニチュアである。

秋田のイタヤ細工師たちが作るのも壁飾りのように使われることが多いという。箕は神聖な行事に捧げ物を載せる容器として使われてきた。そうしたことから招福、商売繁盛の縁起物としてのミニチュアの箕が注文される。ミニチュアといえども大きな箕と同じで、まったく同じ材料、工程で作っているというが、実用とは違う。

豆の殻やごみの分別など箕を使わずにどうしているのかと農家に聞いたことがある。そうした作業は一度に大量を機械にかけてすませるのだという。それでも農家の納屋には今も古くなった箕がかかっている。この箕が使えなくなったときに、修理をしてくれる人たちはほとんどいなくなっているだろう。それだけでなく竹やイタヤカエデの代わりに梱包用のビニールの平ひもで補修しているのを見たことがある。

かつて、箕作りの人たちは自ら農家をまわるか、市に製品を持ち込んで、使い手に直接品物を渡していた。今はそういうこともなくなった。箕作りたちが作った箕は民芸品店、工芸品店の壁に美しい装飾としてかけられている。

炭焼き師

木炭はかつては重要な熱資源であった。それがガスや電気に主役の座を譲ったのは昭和三九（一九六四）年ごろからであるという。

私が子供のころは家に竈があり羽釜で飯を炊いていた。柴や杉の葉を焚きつけに使い、薪や古材を燃やした。おきが余れば消し壺に入れて消し炭にし、また使った。台所には七厘（しちりん）があり、そこで炭をおこし、魚を焼いたり、煮物を作っていた。いつこれが消えたかさだかではないが、昭和三九年ごろにはすでにプロパンガスが入っていたし、電気炊飯器も使っていた。

友人の父親は炭焼き師であり、当時も炭を焼いていたから、まだ完全に炭の需要がなくなったわけではなかったのだが、近所の炭を売り買いする炭屋が木炭よりも練炭や豆炭などを扱うほうが多くなっていた。

ちなみに平成七（一九九五）年の木炭の総生産量が三万一一三三トン、最盛期の昭和三二年には二二〇万トンであった。

私の生まれ育った秋田県角館町には旧正月（二月一四日）の夜に

「火振りかまくら」という行事がある。子供たちが各家をまわり、米俵や炭俵を集め、それに火をつけてぐるぐると体のまわりを回すものである。現在は町おこしの行事として復活しているが、一時期途絶えていた。

その理由は子供たちで作られていた町内会が消えてしまったことと、米俵や炭俵が日常生活から姿を消してしまったことである。

しかし、炭焼きの専門家がいなくなったわけではない。

平成七年のデータであるが、生産者数は七六三三人で、千トン以上を生産しているのは、北海道（五〇〇三トン）、岩手県（六八三三トン）、福島県（一九四一トン）、和歌山県（一七三三トン）、高知県（一〇八八トン）、宮崎県（一五四九トン）である。

このうち、北海道、岩手、福島はほとんどが黒炭。和歌山、宮崎は白炭が中心。高知は六割が黒炭、白炭が四割であった。

炭には黒炭と白炭がある。

黒炭は、土の窯（かま）を築き、窯の入口で薪を燃やし、窯の温度を上げて木を乾燥させ、その後、熱がまわったところで通風孔を閉じ三百度から四百度で木を炭化させ、その後、風を通し、五百度から七百度に上げ、そのまま密閉して自然冷却したもので、通常使っている炭である。

白炭は、備長炭（びんちょうたん）などに代表される硬い白い炭である。側面を石で築き、天井を土で作った窯を用いる。途中の工程は黒炭と同じであるが、最後に空気を送り込み、千度以上の高温まで上げ、白みを帯びるほど輝きだしたものを引き出して、消し粉といわれる灰をかけて冷やす。

このため、樹皮は燃えつき、硬く金属音のする炭が出来上がる。最後にかける消し粉の灰（スバイと呼ぶ）が炭について白くなるので白炭という。

各地で幾人かの炭焼き師に話を聞き仕事を見せてもらった。そのうちの二人の話をする。

和歌山の備長炭（びんちょうたん）

和歌山は備長炭の産地である。いくつかの集落が備長炭を産出しているが、そのひとつ中津（なかつ）村。中津村は御坊（ごぼう）市から日高川（ひだかがわ）沿いに車で四〇分ほど行ったところにある。その一番奥の集落が大又（おおまた）。湯上勇（ゆがみいさむ）さん

（一九二九年生まれ）の家はここにある。

「ここに生まれたものは炭焼きをするのが宿命みたいなものです」

彼の父も祖父も、曾祖父も、息子も炭焼きをしている。

「昔は黒炭も焼いたが、備長炭ほどお金にならんので近年はずっと備長炭専門です」

備長炭もほかの黒炭同様に近年著しく消費が減少したのだが、うなぎや焼鳥用に都会で消費されるようになったのと、一九九〇年の全国的な冷害で緊急輸入された外国産米の匂いを消すために備長炭がもてはやされ、さらにふろ用や健康用に広がって消費が増えている。

炭焼きは、山の木を伐ることから始まる。山は自分の山のこともあるし、山主から木を買うこともある。木の値段は、和歌山県でいえば備長炭用のウバメガシがどれほどの量かを目処(めど)に交渉する。

今は備長炭といえばウバメガシの炭といわれているが、かつては樫(かし)材を炭にしたものをいったそうである。ウバメガシの炭は「バメ」などの通称で呼ばれていた。中津村でもウバメガシの入手が難しい数軒は今も樫で備長炭を焼いている。組合の集荷表を見せてもらったら、「馬目(ばめ)」「備長」「雑」などの種類に分かれ、備長炭とは今も樫を焼いた炭のことである。なのになぜか最近は、備長炭はウバメガシが材料と辞書にも書いてある。

山の木が炭何俵分かを推測するのはなかなか年季がいる。湯上さんは一九九八年に会ったときには現役を退き、昭和三〇（一九五五）年生まれの息子の昇(のぼる)さんが後を継いでいた。

高校を卒業してすぐに父について修業したというから昇さんも炭焼き二〇年以上のベテランであるが、山買いはまだ父・勇さんの仕事で、父親がこの山は何俵と読んだらまず間違いなく、それだけの炭が焼けると感心していた。

交渉が成立すれば、いつまでに伐ると期限を決めてその山の木を買うことになる。買うのは炭にする木だけであり、杉や松、檜（ひのき）、欅（けやき）などは含まれない。そうした木は伐ってはならないのである。今はチェーンソーを使うが、かつては斧（おの）で伐る約束であったという。チェーンソーでばっさり伐ってしまうと、若木の再生の際の芽出しが悪いからである。

伐った木は斜面を滑り落とし、車に積んで窯場に運ぶ。寸法は山で、窯に合った長さに切りそろえて持ち帰る。太い木は窯場に持ち帰って二つか、四つに割る。割るときの基準は、「直径三寸（約九センチ）ぐらいまでなら丸ごと、それを超えたら二つに、六寸（一八センチ）を過ぎたら四つに割る」という。

今は窯場は車が使える便利なところに築いてある。かつては山の木を買うと、その近くに窯を築き、焼き終えるとまた次の山を買い、近くに別の窯を築いた。家族がそうして移動しながら炭を焼いたのである。車が高価なもので山の中には道路がなかった昔は、木を運ぶという作業がとてつもなく費用と手間が掛かることであったからだ。

山は一〇年から一五年でまわされたから、山ごとに前の人が使った窯作り用の古い石が残っており、それを積み上げて窯を築いた。そのようにして長い期間にわたって、炭焼きは行われてきたのである。ちなみに窯を築くことを「窯をつく」という。

山の木は、昔は一〇年から一五年ほどのサイクルで回転させた。今は買った山の木は「買ったのだから」とほとんど伐り取ってしまうこともあって三〇年ほどのサイクルになっている。

湯上勇さんは同じ山の木を二度買ったことが何度かあるというし、おじいさんの時代に焼いた山にまた戻ってきたこともあるという。そうして山の資源を使いまわしてきたのである。

木は数本ずつ束ねられる。窯にできるだけ効率よく入れるためである。一度熱せられた窯はそれだけで財産である。冷えぬうちに次の窯焼きを始めたいのだ。そのために、昔はとても人が入れぬ温度でも木を詰めた。窯の出し口も小さいほうが冷めない。また、そのほうがいい炭が焼けた。

熟練者たちは小さな穴から木を投げ込むことで窯の奥から順に木を逆さまに立てることができる。自分が入れぬ温度でもそうすることで木を詰められたのだ。時には枕（まくら）という木と二股（ふたまた）の棒で詰めていく。ぎっしり詰めるためには曲がった木ではいけない。曲がった木には刻みを入れ、椎（しい）の木で作った将棋のコマのようなクサビの役をはたす木片を挟み込んでまっすぐに直す。この作業が「タマクベ」。こうすると窯にはぎっしりと詰まる。

木の詰め方で炭の量も、炭の出来も違う。隙き隙きではいい炭はできない。炭焼きはそれほど微妙なものである。窯の底のわずかな傾斜、窯の中にできたわずかな空間で出来が違うのだ。炭焼きは一生に一度満足な炭が焼けたらいいという。失敗すれば、一窯（ひとかま）みんな灰になることもある。それだけ炭焼きは不思議で、焼く人たちも神秘的なものを感じ、精根を尽くしている。長く積み重ねられてきた仕事には隅から隅まで意味があり、合理的に組み合わせられている。

木の伐り出しから始まる重労働は、いい炭が焼けることで報われるのだ。

昇さんの窯は六〇俵を出す大きな窯である。投げ込んで立てるとか、枕を使った技は使えないから、窯の出し口をやや大きめにして、人間が木の束を持って詰め込むのだ。壁面は触れれば火傷（やけど）をしそうな熱さのため、頬被（ほおかむ）りをし、水分を補給しながら黙々と続ける。

窯に詰め込みが終わると、焚き口で薪を燃やす。

ウバメガシ全盛の今は、本来なら製品に使った樫を「惜しいのだが」といいながらも焚きつけに使っていた。煙の色と匂いを頼りに窯の空気の取り入れ口を調節していく。温度が上がり、炭化が始まれば大人の指三本分ほどの穴の調節で進行を見守り、安定すれば次の窯の準備のために、山へ木の調達に出かける。

炭が出来上がるのは、窯の大きさによって決まるが、天候や、気温によっても左右される。窯出しの直前には火の加減を見るために徹夜になる。窯場の傍（かたわら）に小屋がけをし、そこで仮眠しながら観察する。

六〇俵窯は詰め込まれてから二週間ほどで焼き上がる。

炭焼きには窯から炭を引き出す特殊な道具がある。なにしろ千二百度の窯から炭を掻き出すのである。「エブリ」や「サラエ」と呼ばれる長い柄のついたものが使われる。水田の代掻(しろか)きに使う道具に名前も形も似ている。焼き上がった炭には出しどきがある。放り出して休むわけにはいかない。寸刻を惜しんで掻き出し続けなければならない。六〇俵ともなれば長い労働である。仲間が手伝いに来たり、臨時の人も頼む。

窯から出された高熱の炭は消し粉（湯上さんたちは「スバイ」と呼んでいた）をかけて冷まし、太さや形に区分けして出荷される。

鉄以上の硬度をもつ備長炭は鋸では歯が立たない。鉄床(かなとこ)のうえに炭を置き、鈍い鉈(なた)で叩きつけるようにして切る。

いい炭は木の形がそのまま均一にきゅっと縮んだものだという。そのように焼けたものは硬く金属音がする。いい炭を焼くためには窯の管理が半分、匂いや煙で判断するので空気の調節が半分という。鼻のきかないもの、匂いを記憶できないものには炭焼きはできない。窯の底は一回ごとに均(なら)す。均し方、傾斜のつけ方で焼き加減が変わる。紙切れに火をつけ、窯口に置くと奥に吸い込まれるように転がっていく。その具合を見ながら窯の底の灰の均(なら)し方を決める。ほんの数ミリか一センチほどの灰の均し方である。すべて長年の勘だけの仕事である。

つんと鼻につく匂い、少しばかり「酸(す)い」匂い、すべて焼きながら積み重ねて、覚えていくしかない。炭焼きに使う木は毎回違うから同じ炭の焼き方ではすまないのだ。

窯はいったん火をつけてしまえば、中をのぞくことはできない。止めることもやり直すこともできない。

湯上昇さんはいう。

「一度でいい、千二百度の窯の中をのぞいてみたい。なぜ、自分の炭にひびが入ったり、折れたり、いいもの、悪いものができるのか、それがわかれば、少しは同じように焼けるようになるのに。今でもわからないことばかり。時には親父に聞きにいったり、匂いをかいでもらったりするんです」

グルメブームや健康・自然志向で、備長炭(ウバメガシ)は、最上の「上小丸」三〇キロで、一九九五年で農協出荷価格が一万円もした。この値段と、ウバメガシの供給が維持されれば、備長炭は続いていくだろう。現に地元出身者以外にも技術の習得希望者がおり、一度は廃(すた)

れそうになった備長炭だが、今のところ衰退の傾向はない。これは備長炭というブランドを上手に生かした特殊な例である。

同じ白炭を焼く宮城県七ケ宿（しちがしゅく）の佐藤石太郎（さとういしたろう）さん（一九二一年生まれ）の場合も記しておこう。

佐藤さんの父親もその祖父も炭焼きが生業（なりわい）であった。今はダムに沈んでしまったが、彼の生まれ育った集落は炭焼きの村であった。村が沈むとき石太郎さんは家族と共に町に出た。それでも自分ができることは炭焼きしかないと、山に窯を築き、白炭を焼き続けている。

宮城県にはウバメガシのような特殊な木はない。備長炭と同じ石積みの窯、同じ手順で白炭を焼くのであるが、備長炭のような高価な値段では取り引きされない。

石太郎さんの焼く炭で最高のものは楢（ナラ）の一〇年から二〇年未満のもので「上等炭」「ナラの丸上」、次が二〇年以上四〇年までのナラを割って作った「割上」、あとに「雑の丸上」と続く。

石太郎さんが窯出しに使う道具も湯上さんたちのものと似ている。呼び方も「エブリ」が「エボリ」、先端の金具の形が少し違うだけである。

石太郎さんは一〇年から一五年で山をまわしていくが、育ちのいいところでは八年で元に戻るという。炭焼きが雑木山を伐り払うおかげで、萩（はぎ）や黒文字（くろもじ）、藤蔓（ふじづる）などの藪（やぶ）をつくるものや蔓性のものが整理され、建材として残された木は順調に育つ。炭焼きが炭用の木を伐り払うことで山の管理を行ってきたのである。

自然の木は自らに適したところを選んで生える。そのままでは勝手な競争を始め、雑な山になる。常に人間たちが手を加え、資源として順に使うことで保ってきたのである。

かつて炭は家事用、鍛冶屋用などさまざまな需要があり、農民たちの副業として大事な現金収入の道であった。

都市が農民の労働力を買い上げるようになった同じころに、日本人の生活が変わり始め、木炭からガス、石油、電気へと燃料も変化した。これは単なる偶然ではない。この時期を境目に日本人の生活や考え方には大きな変化が起きたのである。そのことについては、職人たちの仕事を紹介し終えたところで検討してみようと思っている。

石太郎さんの炭焼きは仕事として成り立っている。木の種類によって値段はさまざまであるが、山の木の値段もそれにあわせて買うことができることと、茶道用など質のいい炭の需要もあるからだ。

一九九七年に石太郎さんに会ったとき、炭焼きの修業に来ている人がいた。ほかにも炭焼きになりたいという希望者が多い。自然の中で暮らすことにあこがれている人が多いせいであろう。炭は素人でもまったく焼けないということはない。上手下手、効率の問題を度外視すれば、炭はできる。ただ専業にするとなると、いかに効率よく、いい炭を焼くようになれるかにかかってくる。そこには長い経験と勘がいる。常に水準以上の炭を商品として出していくのと、趣味で炭を焼くのとでは大きな違いがある。

「何年やっても、満足のいく炭が焼けたことは数えるほどしかありません。奥が深いものです」
私が出会った炭焼きのベテランたちは声を揃えてこういう。

岐阜の木挽

子供のころ、近所に木挽のおじいさんがいた。仕事場の壁には大きな鋸がいくつもかけてあった。中には大きな窓が開いた大きな鋸もあった。歯の欠けたような大鋸を見てこれで木が切れるのだろうかと疑問に思ったのを覚えている。

木挽という大きな材から板を挽く仕事があることは知っていたが、なかなか目の前でその仕事を見ることができなかった。元木挽という人には何人か連絡が取れたが、とっくに仕事はしていないという。宮大工の仕事場に通っているときに知り合った材木屋さんに頼んで、銘木店を紹介してもらい、その伝手で岐阜県本巣郡巣南町在住の関谷文雄さん（一九三八年生まれ）に会うことができた。

　関谷さんが仕事を請け負っていた名古屋市の銘木店の仕事場を訪ねたのが一九九六年。関谷さんはそのとき五八歳であったが、木挽の現役は日本全国で四、五人しかいないでしょうといっていた。なかなか会えなかったわけである。

　関谷さんは木挽の最年少で、最後に近いと、後継者のないことを嘆いておられた。

「もうここまで職業がすたれると、皆さんは木挽といってもどんな仕事だかわからないでしょう。簡単にいえば、山で伐り出された大きな木から天井に張る無垢の板を作り出すのが主な仕事です。天井板だけでなく、長押や一部屋全部を一本の木から取りたいなんていう注文にもお応えするんです」

こうした仕事は動力で動く丸鋸が普及して以来、製材所の仕事となった。製材所は大きな機械で、注文どおりの柱や板を素早く製材していく。かつては木挽が手で挽いていた仕事である。

今は木挽に仕事がまわって来るのはそうした一般的なものではなく、銘木店が買い入れた一本が数百万、数千万、時には億を超える銘木から板や柱を取る特殊な場合である。

木の種類も中心は杉と欅。

「同じ木を伐るのでも樵（きこり）や杣師（そまし）と木挽は違うんです。樵や杣師は山に生えている立ち木を伐るのが仕事。危険を伴う仕事です。杣師は山で角材の形まで粗削（あらけず）りして出した。樵や杣師が山で伐り倒して、土場（どば）っていうんですが、伐採した木を集める場所まで運んできたものから、私らは板や造作材を取るのが仕事です。お互い大きな鋸を使いましたが、仕事はまったく違います」

その樵の仕事はずいぶん前から鋸からチェーンソーに変わってしまった。

山には杣師のほかに、伐った木を運び出す人たちもいた。伊那のほうではこの人たちを「ヒヨウ」といったと聞いたことがあるが、私はその人たちには会うことができなかった。

林道や架線をかけて木材を運ぶ時代になっており、自動車を使って原木を丸ごと製材所へ運ぶ時代になってしまったからである。

木挽の仕事もチェーンソーを使うこともある。しかし、銘木といわれる木から板を挽くとなれば、チェーンソーは使わない。大事な板を一二枚取れるところが一〇枚しか取れなくなるからである。それだけ腕を買われた仕事でもある。

「大工の仕事が一カ月九千円のところ、木挽に入ったときには三万円もらえました」

銘木店では木挽は貴重な存在であったのだ。

数百万円、数千万円という高価な価格で買い入れた銘木から、どれだけの価値ある無垢板（むくいた）が取れるかは木挽の腕にかかっている。

「天井板は二分三厘（りん）（六・九ミリ）の厚さで挽きます。鋸一丁が仕事です」

木挽の仕事は簡単にいえば、板や材を挽くことにある。道具は基本的には鋸と墨壺（すみつぼ）。目立てのやすり一式。

鋸の歯は挽く木によって変える。歯を一人前に作れるようになること、これがまずもって木挽の基礎である。木の性や質、癖に応じて鋸の目が立てられるようになるまで職人たちは並々ならぬ苦労をしている。

鋸の歯の話を少々。

鋸には繊維を断ち切る横挽（よこび）きと、繊維に沿って挽く縦挽（たてび）きがある。

鋸の昔の形は刀に歯をつけたものといわれる。長いこと横挽きの鋸しかなかったのだ。縦挽きの鋸ができたのはずっと後世で、鎌倉か室町時代の初期ごろではないかといわれる。横挽きの鋸で縦には挽くことができない。市販のものは、縦、横両方の歯が片面ずつについた鋸が一般的であるが、横挽きの細かな歯で縦を挽いてみるとすぐにわかる。目に鋸屑（おがくず）が詰まり、歯は歯でなくなってしまう。横挽きの歯は小刀の刃を並べたように作られている。

縦挽きの歯は鑿（のみ）の刃を並べたようにできている。木挽が使う「マエビキ」と呼ばれる大きな一人挽きの鋸は縦挽きである。

鑿の切れ具合は刃の角度によって決まる。マエビキの鋸の目立てはやすりを使って一枚一枚、鑿の刃先を整えるようにする。

「目立ての難しさはまず顎（あご）です」と関谷さんはいう。

顎というのは歯の下にあるへこみの部分で、ここでひっかく感じになるという。

「顎は菱形のやすりで作るのですが、切れる切れないはここにかかってきます」

鋸の歯は右左に少しずつ開いている。この開きを「アサリ」というが、木の乾き具合、硬さ、軟らかさでアサリを調節する。基本的には硬い木ではアサリを大きく、軟らかな木では小さくする。大きいほど刃はスムースに動く。しかしそのぶんロスも大きい。

鋸の仕上がりは指先の感触で判断する。

「鋸も使っているうちに歯は鈍り、変わってきますから、鋸を何枚も用意しておいて交換しますし、一日二回は目立てをします。朝八時に仕事にかかりますが、初めの一時間は目立て、十時に休んで昼に休憩、そしてまた一時間ほど目立てをして、仕事にかかるんです。一日に二時間から三時間は目立てに取られます。木挽は長い時間目立てをしているようですが、じっくり目立てをしてやったほうが仕事はきれいだし、そのほうが早いし、体も楽なんです」

「チェーンソーもときには使いますが、チェーンソーはアサリが大きくだいたい六分（一八ミリ）ぐらい取られます。鋸であれば一分五厘（四・五ミリ）くらいでおさまるからね、何枚か挽くと一枚から二枚分はチェーンソーが使っちゃう。鋸屑になっちゃうんです。ですからチェーンソーは損なわけです」

製材機で挽いても同じことがいえる。一本で数千万という銘木では一枚、二枚でも大きな差である。これが木挽きを頼んで鋸で挽いてもらう大きな理由である。また機械と手挽きでは仕上がりがまったく違う。機械で挽くとどうしても熱が発生し艶がなく湿ったような感じになってしまう。艶は浮かび上がる木の紋様と同じくらい大事な要素である。

「鋭く研ぎあげられた鋸でゆっくり挽いていくと、木が生きたままに仕上がるのです」

たしかに関谷さんの挽くのを見るとリズムはゆったりしたものであった。

私が訪ねたとき、直径一メートル、長さ三メートルの杉の木を横たえて挽いていた。これを端まで一回挽いていくのが一日の仕事であるという。小さな箱に腰かけて、両手で、ゆっくりリズミカルに挽く。箱がカタッカタッという音を立てる。鋸はゆっくり正確に行き来をする。マエビキの柄は小さく歯に対して直角に近い角度でついている。長い時間、長い距離を正確に挽くためにはこのほうがいいのだという。

大きな木の場合は二人で挽くことがあるが、そのときは両側から鋸を入れて、向こうが引いたら、こっちが入れる。大きな木では向こうの姿が見えないので、互いに背中に棒を立ててそれを目印にして呼吸を合わせたという。こうして挽いても鋸の跡がまったくつかない技術を持っているのだ。

難しいのは端の鋸入れで、初めに曲がったらずっと曲がる。

「歪んでくると手の感触でわかります。挽く鋸の歯触りが変わりますから、それを感じて修正していくんです。途中で切り口をのぞきながら確認して歯の角度を微妙に調整していくんです」

「挽くときは木の根本のほうからですね。根本は癖があり、最初は大変ですが、だんだん楽になっていく。頭（梢のほう）からやっていくと最初は楽ですが、後が大変。根本のほうが癖が強いし、暴れるし、口を締めてくるんです。楔を打ちながら進まなくてはならなくなりますから、根本から挽くんです。挽くときには墨を打ちますが、墨の上でもなく下でもなく、線の真ん中を挽くんです。ですから墨を消すように挽いていくんです」

木に合わせて、鋸の歯を立てること。墨の上を正確に挽くこと。これが木挽の仕事であるが、もうひとつ大事な仕事がある。

木の癖を見抜き、どのように板や材を取っていくのがいいかを決めなければならない。一番難しいのは節と腐（くさ）れ、洞（うろ）があるかないか、あるならどこにあるかを見抜かなくてはならないことだ。

表からは見えない節のあるなしを判断し、それがどう出てくるのか見分けなければ、墨は打てない。大事なのはモク。モクとは木の目の柄である。この美しさによって値は大きく変わる。時には銘木店の主と立ち木を見に行き、その木の性格を見抜き、モクの良し悪し、節のあり場所、それにより板の取り方を判断する。

「怖いのは、木は立っているときと倒したときとで変わることがあるんです。立っているときはいい木だなあと思っても、倒してみたら悪い木があるんです」

ほとんどの銘木は入札で競り落とす。その木を預かるのであるから、見たて違いは許されない。木の癖を見抜く、これが製材所の機械にはできない経験の積み重ねであり、勘の発揮のしどころなのである。

関谷さんは自分が木挽としては最後の世代ではないかといった。

「自分の体と呼吸に合わせて挽かなければうまくは挽けません。こういうことは言葉では教えられませんし、自分には後継者もいません。体力のことを考えてもあと何年できるかと思うこともあります。このまま木挽は消えていきますでしょう。道具がないんです。現在では木挽の鋸を打ってくれるところがありません。この鋸は刀を打つのと同じように作ってあります。今、持っている鋸がだめになったときが、自分の仕事が終わるときだと思っています」

日本家屋の天井を飾る二分三厘の厚さの無垢（むく）の板を作り出してきた木挽たちは間もなく姿を消す。

山形県関川のシナ布

山で働く人たちは、縄やロープを持たないとき、カズラや木の皮を剝（は）ぎ、ロープを作る。シナ（標準和名は科の木＝シナノキ）の木の皮はよく使われる。

剝いだ樹皮を叩（たた）くか揉（も）むと繊維が簡単に取れる。私が育った秋田県の田舎ではこの木をマンダといってよく利用していた。

この樹皮の利用は古く、ロープを綯（な）うのはもちろん、蚊帳（かや）を作ったり、布を織ったり、漁網を編んだりと幅広く使われてきた。野良着や「テゴ」と呼ばれる籠、豆腐や醤油、どぶろく、漆のこし袋などに使われた。シナノキの繊維は、丈夫さと耐水性を持っていたのだ。

「シナ」はアイヌ語で「縛る、結ぶ」という意味だそうだ。アイヌの民族衣装である厚司もシナノキと同じグループの木、オヒョウから織ったものである。

現在のように細く、しっかりした化学繊維や、機械で糸が紡がれ、自動織機で布が織られ、そうして作られた品々が簡単に手に入るようになったのはほんのこの間のことである。かつては糸や布というのは貴重で、何度もリサイクルして使われるものであった。

なにしろ一本の糸を手に入れるためには蚕を飼うなり、麻や棉花を植えるところから始まり、糸を作り、布に織るまで気の遠くなるような手仕事の連続であったのだ。

樹皮や草の茎から糸を取り出すのは大変な作業である。前に葛布（くずふ）の仕事を紹介したが、今もこうしたすべてを手仕事に頼っている織物が日本にもいくつかある。そのひとつがシナノキの樹皮から糸を取って織るシナ布である。

現在もシナ布を織っているのは山形県西田川（にしたがわ）郡温海（あつみ）町関川の人たちである。私がこの村を訪ねたのは一九九五年であるが、四八戸のうち四六軒が関川しな織り協同組合をつくってシナ織りにたずさわっていた。

組合長の五十嵐（いがらし）勇喜（ゆうき）さん（一九三五年生まれ）・喜代（きよ）さん（一九

四一年生まれ）夫妻の話からこの仕事がどんなものかを紹介しよう。関川のシナ布の特徴は、繊維製作工程で糠に浸けることによって発色する独特の蜂蜜色（これは染色ではない）と、水に強いあっさりとした布の仕上げにある。

現在はかつてのように蚊帳や漁網への利用はなく、風合いを活かした帯や暖簾、帽子、鞄、名刺入れなどに加工されている。日常品から高級品・工芸品へと趣向を変えて生き延びているのである。

シナノキは日本中どこにでも自生する落葉の背の高い木である。どこにでもあるゆえにさまざまに使われてきたのだが、良質な布を織るとなると、いい木を育てなくてはならない。いい皮が取れなければ、いい糸は取れない。

「そのためには土地が肥えていること、手入れをきちんとすることです。私どもの土地は雪が深く、そのぶんだけ土地が肥えています。おかげで質のいい木が育ってきました。そういう条件と、冬に仕事がなかったことや、昔からいいシナ布を送り出す伝統があったから、この仕事が残ってきたのでしょう」

五十嵐さんは関川にシナ布が残り、今も続けられている理由をそう説明した。

シナノキの伐採は、関川では六月末から二週間の間に行われる。木が葉を茂らせ、盛んに水を根から梢に運ぶ時期を選んでいる。この時期より早くても、この時期を過ぎてしまっても、伐った木から樹皮を上手に剝がすことができない。木を伐り倒して、枝を払ったら、その場で皮を剝ぐ。長さは長いほどいい。皮の長さがそのまま糸の長さになるからだ。あとで糸を結び合わせていく作業が楽になるし、結び目の少ない糸が出来上がるからである。

皮を剝ぐのはイタヤカエデで作った「ツクシ」という木の鑿（のみ）を使う。金属の刃物では樹皮に傷がつくからである。

秋田のマタギがサワグルミの皮を剝いだり、茸（きのこ）を採るときにも同じ名前の同じ道具を使っていた。こうした知恵は山暮らしの人たちには常識だったのであろう。

樹皮の剝ぎ方は、初めに片刃の「端なし鉈」を使って切れめを入れ、そこからツクシを差し込んで剝がす。

木には背と腹がある。

背は斜面に立つ木の谷側をいう。腹は山側。背は樹皮が薄く、腹は厚い。皮は背から剝ぐ。使うのは甘皮と呼ばれる内側の部分、外側の粗い樹皮は使わない。ここらは葛布のクズと一緒である。靭皮（じんぴ）から繊維を取るのである。甘皮を剝ぐ前に外皮の付いた樹皮を叩き、折りたたむ。こうすると甘皮が剝ぎやすい。この作業を「木殺し」という。見事に甘皮が剝ぎ取られていく。

「木に節があるとなかなかうまくいかないので、育てているときに節ができないように、杉や檜の手入れと同じように、枝打ちをするんです。植林ではありませんが木を育てる作業は同じようなもんです」

関川の集落では、各戸で一年に一反分を織りあげる。

それに必要な材料は約七貫目（約二六キロ）、約一五本の樹皮を必要とする。

剥いだ甘皮は乾燥させるが、その日取りも剥ぐ期間に関係している。

「天気予報を気にしながら、梅雨明けの一週間前に剥ぐ作業をするんです。そうすると乾燥にもちょうどいいわけです」

ここまでの作業は男たちの仕事である。織物が出来上がるまでの全工程は二二段階あるといわれるが、ここから先の仕事は女たちが受け持つ。

乾燥させたものを木灰を入れた水で煮る。ナラやブナノキの灰がいい。かつて冬の暖房は囲炉裏にしろストーブにしろ薪（まき）を焚（た）いた。その灰を使ったのである。剥いだ外皮も燃やされ、その灰も使われた。

灰で煮ると樹皮は柔らかくなる。これを手で揉（も）むと甘皮が何十枚もの薄い層に剝がれる。この作業を「ヘダレ」という。シナノキは「千枚に剝げる」といわれるほど幾重にも繊維が層をなしている。灰で煮て黒くなった繊維層を、米糠に浸ける。こうすると、あくが抜け、独特の蜂蜜色に変わる。灰で煮る作業も、糠に浸ける仕事も気温に関係があり、九月を待って行われる。

糠に浸けたものを乾燥させておき、糸作りのときに村の真ん中を流れる川で洗い、濡れたままのものを爪で裂いていく。幅三ミリほどに裂く。これが「シナ裂き」。これをまた乾かし、また水に晒し、さらに細い糸にしていく。水に何度も晒すことで糸は美しくなる。

シナ布一反の長さは六〇メートル、幅三六センチ。このために必要な糸は縦糸、横糸合わせて二万メートルほど。

水に晒してできた糸を「機結(はたむす)び」という結び方で一本の長い糸にしていく。この作業のときでも太い糸は裂き、太さを調節しながら結んでいく。この作業は冬の仕事である。村のお母さん、おばあちゃんたちはお茶を飲みにいくのにも、糸を放さない。おしゃべりしながらも手は糸を結び、指で撚(よ)りをかけていく。この作業はたっぷり時間をかけ、均一になるように丁寧に仕上げる。糸のよさは布になったときにわかる。

　結び撚りをかける作業は、指先の感触だけであるから慣れてしまえば、話に夢中になっても、年をとって体が自由に利かないおばあちゃんにでもできる。

　こうしてつないだ糸を手まりのような玉にする。この玉一八個で二万メートルの長さである。この糸を糸車にかけて、さらに撚りをかける。乾燥した糸では切れるので、濡らして行われる。この作業が「シナ撚(よ)り」。

縦糸は横糸より多く撚りをかけ、「ヒラソ」というひらひらした乱れがないように仕上げていく。横糸はあっさりと撚り、織り上がったときのざっくりとした感触を残す。

この作業は五、六人ずつ集まって、共同でやっていく。

ここから先は織りのための仕事である。

糸を枠にかけ、長さ、張り具合、本数を揃えていく。これが「整経(せいけい)」。整経が終わると機織り機に糸を張って織っていくのである。

今、関川のシナ帯などの品々は高級品になって、三〇万円から五〇万円もの値段がつけられてデパートに並んでいる。関川から出るときの値段はこうした値段の三分の一か四分の一であるが、複雑な着物業界の流通のシステムがこうした価格に仕立てあげていくのであろう。

これもひとつの生き残りの道である。シナ布の風合いを好む人たちに需要がある。

宮崎県の竹細工師

宮崎県西臼杵(にしうすき)郡日之影(ひのかげ)町に廣島一夫(ひろしまかずお)さん(一九一五年生まれ)という竹細工職人がいる。七十数年間、竹細工をしてきた。一個が数十万円もする工芸品を作る人ではなく、籠(かご)やざるなど日常使いのものを作り続けてきた人だ。

廣島さんが竹細工職人のところに弟子入りしたのは、幼いころに足が不自由になったことがきっかけであった。家は農家であったが、不自由な体では農作業もできないので、親や兄弟と相談のうえ、廣島さんは竹細工の親方のところに弟子入りしたのである。手に技を付けるというのは、肢体不自由者が自立するひとつの手段であった。

当時はすべての日用品、農作業品が竹で作られており仕事はいくらでもあったのだという。竹は九州地方ではどこにでもあり、材料にも困らず、年取っても、足が不自由でもできる仕事として、竹細工師を選んだのである。

師匠も、歩くのには不自由ではなかったが、やはり足の悪い人であったという。廣島さんは自分の甥や弟子たちが長続きせず途中でやめていったという話をしたときに、「立派な体をしとったから、何もこんな仕事をせんでもよかったから、我慢がきかなかったんじゃろう」といっていた。

もし自分も足が不自由でなかったら、この仕事とは縁がなかったろうともいっていた。

「当時は竹細工の仕事はいくらでもあったが、ざるをいくら作ったとて、家も建てられん、車も買えん、仕事場さえ持てない仕事やった」

芸術や工芸品から縁遠い、日常使いの、使い捨てに近い安い道具作りの手間賃はそんなものであったのだ。

廣島さんの竹細工の師匠も仕事場を持っていなかった。各家をまわり、注文のざるや味噌こしを作って、また次の家を回っていくのである。師匠は独身であったので、時には廣島さんが食事の用意をしたというが、行く先々で、材料の竹と飯と寝るところ、それに酒がついていた。

廣島さんは独立した後も三五歳ごろまでは、そうしてお得意さんを回って歩いた。その後、延岡（のべおか）市の問屋に五年ほど職人として住み込んだ。たくさん職人がいて新しい技をそこで習得したという。そうしたところにも自分の道具一式を持って行った。

竹細工職人の道具は小さな道具箱に納まるほどしかない。

「この仕事は鋸（のこぎり）と包丁（ほうちょう）があればできる」

と廣島さんはいうが、そうでもない。鋸と包丁だけでもできないことはないだろうが、素朴だが工夫された道具が納まっている。作業は便利さを求める。そのため道具は美しい部品を効率よく作るために少しずつ工夫を重ねて改良されていく。

竹ひごの幅を決める「幅揃(はばぞろ)え」「分揃(ぶぞろ)え」。昔は小刀を二本立ててその間を割った竹を通して竹ひごの幅を決めたというが、今はねじで刃の幅が決められる便利な道具を使っている。このねじで幅を決められるようにしたのは廣島さんである。

一番、肝心なのが竹割り包丁。

廣島さんが「箕(み)を専門に作るサンカのウメガイはこんなものじゃ」といって見せてくれたのが、槍(やり)の穂先のような形の、両刃の刃物であった。刃渡りが二〇センチほど。刃は一方だけであるが、木の柄と刃の間に「ドウガネ（胴金）」という二センチほどの金属がある。ここを楔（くさび）のように使いながら竹を割いていく。

他に縁を編むためのミゾフチマキ、ヒラフチマキ、竹ひごの面を取る面取り包丁、角を削るイシズリ、ペンチやヤットコ、剪定鋏（せんていばさみ）、折り畳みの物差し、金鋸タイプの歯を取り替える鋸が入っていた。

道具箱は幅四〇センチ、横二五センチ、深さが二〇センチほどのものである。

「これを持って回っておったんじゃが、竹細工師だけでなく、昔は大工も、指物師（さしものし）も、桶屋（おけや）もみんな道具を持って注文主のところを回っておったもんじゃ」

親方とまわって仕事を覚えていくのだが、寸法は決まっているわけではなく、その家で異なる。廣島さんが作る商品の数を聞いたら「竹にもよる、大きさにもよる、使う家にもよるから簡単にはいえんが二百じゃきかんだろう」という。

彼の作品をアメリカのスミソニアン博物館に展示し実演をしたことがあるが、そのさい持って行った製品でさえ百はくだらなかった。

九州の竹細工の材料は、基本的には真竹（マダケ）を使う。マダケを使うのは性質がよく、宮崎県一帯ではどこでも手に入る材料であったからだ。

竹は水が上がらなくなった秋以降に伐る。腐らず、虫が入らないからである。廣島さんは十一月以降、寒の前までに伐り出す。伐るのは鋸ではなく、鉈(なた)である。伐り出した竹は、近くの神社の境内に保存しておく。乾燥させきるよりは少し生のほうが細工がしやすいからと、枝をすぐに切り落とす。こうするほうが乾燥せずに置いておくことができるからだ。使うのは三年目、四年目の竹。

「一年目、二年目のものはまだ幼いから、三年目、四年目のものがいい。それ以上古くなると竹にあばたができたり、硬くなる。二年目までは根本にまだ皮が残っておるが、三年目にはそれも取れる。少し青みがなくなるが若々しさがまだ残っちょる。そのころがいいな」

しかし、回って歩いたときはそこの家の林の竹を伐って、そのまま使った。細工は、どんな竹も同じ手順である。

各家を回ったときは軒先で仕事をした。せめて屋根のあるところに仕事場が欲しいと思い、回った末に今の仕事場を建てた。

廣島さんは、竹を長いまま使う。そのため、仕事場もうなぎの寝床のように長い。左隣が畑、右が店という道路に面した細長い木造平屋の作業場である。作業場の奥行きは一間半、横四間ほどであるが、隣の畑の下にトンネルを掘って、店の床下にも竹が入るよう工夫してある。

「使うのは、測ったことはないが一〇メートルぐらいじゃろうか。長いと継ぎ目が少ない。俺は継ぎ目は好かん。継ぎ目はみんな耳（端）のほうで継ぐもんやったが、今のものを見てると中で継いでるもんもあるな。ああでもせんことにはざるを作っておっても自動車は買えんからな」

廣島さんはそういって笑っていたが、昔は「そういうことはしてはいけんもんじゃったし、せんもんじゃった」という。してはならぬことが平気でまかり通るようになってきたのだ。

「手間仕事で儲けようと思ったら手を抜くしかないからのう。みんな車に乗っておれば竹細工やるもんも乗りたいんやろう」

今は忙しい時代で、そうでもしなければやっていけないだろうというのである。

廣島さんの仕事を見てみよう。竹細工の基本はひごを編む仕事である。

材は、一周が八寸（二四センチ）ほどのものが使い易い。節と節の間が長く、節が低く、硬すぎても、軟らかすぎてもいけない。そういう竹を選んで伐ってきてあるのだが、さらに作るものによって竹を決め、四つに割る。

「四つに割ると、半分は使えるちゅうけんど、いいとこは四分の一だ。節が低うて、真っ直ぐでちゅうたら、それは枝のあるところから真っ直ぐのところ。そこが一番いいところです。昔の名人の仕事を見たことがあるが、それは本当にいいところだけしか使っておらなんだな」

枝のはえているところが一番節が低く、真っ直ぐだとは、素人考えでは想像のつかない話であった。

ひごの幅も、肉の厚さも作るものによってさまざまだが、廣島さんはだいたいは二度剝ぐことで厚さを決める。皮の部分をちょうどいい厚さの竹ひごにするのである。肉の部分も使い道はある。町場で竹の材料の不足のところでは使ったという。皮のない竹ひごは、水がしみこみやすく弱いが、逆に編み込んでいくときに締まりがいい。

「竹は自由に扱えるいい材料やが、節が弱いんじゃ。古くなると節のところから折れるんじゃ」

古く乾燥した竹ひごを節のところで曲げるとぽきりと折れた。

ひごの幅はさまざまである。一ミリほどの細いものもあるし、大きな背負い籠などでは一センチの幅である。ひごができると、面取りといってひごの縁を落とす。仕上がりが美しいうえに、この面取りが水切りをよくする。

編み方の話。

廣島さんはざるを「しょうけ」という言い方をするが、しょうけ作りが竹編みの基本だ。ざるの仲間はみな同じ仕組みである。形や大きさが違うから、ひごの太さも変わるが編み方は一緒。

決められた縦の軸の間を交互に横を通して編みあげていく。研究家は「ざる編み」という言い方をするが、廣島さんは「しょうけを編む編み方」という。

ほかに、籠（かご）を編む「六つ目」「四つ目」「網代（あじろ）」など竹細工では一般的な編み方がある。

宮崎県西臼杵（にしうすき）郡には「かるい」という下が細く、上に行くにつれて広がった独特の形の背負い籠がある。斜めに立ち上がった幅の広いひごが交錯しながら、途中に五本か七本の横のバンドを入れて編んである丈夫で美しい籠である。

「縦目に編むのはここだけじゃろ」

廣島さんはそういっていた。長い竹ひごが花を咲かせたように広がり、それが編まれていくようすは見事だ。

廣島さんが作るものがいかに多かったか、ここに名前だけでも上げておく。

飯籠（冷蔵庫のなかった時代、炊いたご飯をこの籠に入れて風通しのいいところに吊るしておいた、蓋付き）、籾通し（籾ふるい）、うなぎほご（捕ったうなぎを入れるもの）、魚籠、鮎籠、鮎の生かし籠、蟹うけ、イダひび（うぐいの罠）、エノハうけ（やまめの罠）、うなぎぽっぽ、炒り子籠（炒り子の保存籠）、茶わん籠、さげじょけ、ばら

（お盆）、荒じょけ、三角じょけ、四角じょけ、米じょけ、酒屋の米あげじょけ、芋洗いじょけ、茶通し、味噌こし、手付き味噌こし、うどん揚げ、塩籠、手籠（てご）、なば通し（椎茸（しいたけ）ふるい）、炭通し、自転車籠（運搬用の籠）、茶籠（摘んだ茶の葉を入れるもの）、桑籠、あまだい（椎茸乾燥籠）、茶もみ、蚕ばら、じょうご、ひよこ籠、かるい、なば取り籠（椎茸採取用籠）など台所用品から、農作業、漁、運搬、すべてにわたる道具が作られていたのである。

岩手県の篠竹（しのだけ）細工師

竹細工は日常品としても農具としても欠かせないものであったが、

東北の雪深い地方には竹がない。そのために竹の代用品を使ってざるや籠を作った。そのひとつが篠竹細工である。

岩手県二戸（にのへ）市に住む夏林（なつばやし）チヤさん（一九二〇年生まれ）は、二二歳で夏間木（なつまぎ）という集落に嫁いだ。

「これを覚えておけば後で役に立つから」

といわれ、お舅（しゅうと）さんに教わって篠竹細工を始めた。

嫁ぎ先では家族が暇な時間にみんなざるを編んでいた。使うのは篠竹という笹の茎である。笹の場合、茎を稈（かん）という。篠竹の標準和名はスズタケ。日本各地の太平洋岸に生え、直径は五〜八ミリ、高さは一〜三メートルほどになる。節は平坦で、稈は直立する。

このほかにも東北の積雪の多い地域には千島笹（チシマザサ）とい

うグループが生える。「根曲がり竹」で知られる笹である。この二つの種類は積雪量七五センチで分かれる。積雪七五センチ以下ではスズタケ、それ以上のところではチシマザサ。チシマザサも竹細工に使われている。

廣島さんの「周囲が二四センチぐらいが手ごろ、長さは一〇メートルぐらいをそのまま使う」というやり方に比べれば、悲しいような笹の稈を使って東北では竹細工をしてきた。

夏林さんの嫁ぎ先では、雨の日や夜に家族全員でざるを編んだという。現金収入が限られていた農家では、ざるを作って売ることは大事な仕事であった。

ほかのお宅ではどうだったかわからないがと断って、「嫁いだ先では、篠竹も自分の分は自分で取ってきたし、乾燥させるときに他の人のを混ぜてはいけなかった。編むのも自分の竹を使って、他の人のは使ったらだめだった。そしてざるを売ったお金は自分たちの小遣いだったんだ」という。

農民は自分たちで編んだざるや籠を祭りに伴って開かれる市に持っていって売り、米や野菜や魚、道具なども交換した。

夏林さんは子供の運動会や遠足に必要なお金はざるを売って作った。大昔の話ではない。彼女の息子さんは戦後の生まれである。

夏林さんは舅に教わってざるの編み方を習得するが、ざるだけでは「アタエがねかった」、値がなかったというのである。そこで県が主催した講習会を受け、盛器や新しいデザインの細工を学んだ。といっても農作業を嫁が休むわけにはいかない。暇を見て作品を作り、それを先生のところに持っていき添削をしてもらったのだ。先生のもとに片道二里の道を往復すること二年間にわたった。始めたらやり通す性分だったから、と夏林さんは笑っていたが、農家の主婦がそれをすることは並大抵のことではなかったはずだ。

そうした末に作りあげた三枚組盛器は海外貿易用の品物を捜していた業者の目に留まり、スカンジナビアやカナダ、アメリカに送られ、夏林さんはその収益を受けることになった。デザインは変わっても、編み方の基本は彼女たちがいう「ざる編み」である。そして人気の商品を作り出した夏林さんは専業者へと変わっていく。

篠竹細工の工程を見てみよう。

二戸市あたりではシノダケは山や里の丘の斜面に自生している。細工に使うのは、「一年ばえと、二年ばえ。三年ばえになれば硬くて使えねえな」というとおり、今年生えたものが中心である。一年目には枝がなく稈だけで、葉はてっぺんに少しあるだけ。二年目になると枝分かれし、三年目になればさらに枝が分かれるから遠くからでも枝のありなし、枝の数で何年ばえかはすぐわかる。

刈り取るのは縁に巻くものを除いてはいつでもいい。春でも夏でも冬でもいいのである。ただし、縁用だけは夏の土用の後のものを使う。刈ってすぐに編めるが、大量に刈り取ったときや、業者から買い取るときは、保存しておく。

直径は五〜八ミリほどしかないが、丸いまま使うわけではない。

マダケがそうであったように、やっぱり四つに割る。ふつうの人は鉈（なた）で割るが、夏林さんは年老いてもできるようにと導入した電動の篠竹裂き機を使っていた。機械にシノダケを根本から入れてやると十文字に渡した刃によって四つに割れて出てくる。

保存するには、節についた皮は剝かず、そのまま四つに割って、乾燥させる。生乾きではかびが生えたりするので、稲を干すように**はさがけ**にして干す。

夏林さんは今は業者から一度にトラック二台、三台と買う。天候を見ながら四日から七日乾燥させ、保存する。三年でも四年でも取っておくことができ、使うときに皮を剝き、水に浸けて作業に入る。

編む前の準備は「粗掛（あらが）け」。身をこそぎとる。かつてはこの作業も鉈でやったが、夏林さんは機械ですます。

次に、ひごの幅を決める。この工程も機械を使ってやる。

四つ割りも、粗掛けも、幅を決める機械も、人間が一本ずつ竹を送り込んでやる極めて簡単な機械である。機械の刃は全部夏林さんが自分で研ぐ。夏林さんが早くから機械を入れたのは、一家の稼ぎ手である自分が年老いて目や手先が不自由になってもこの細工ができるように、だったのだ。

ひごの幅は作るものによって違うが、「お絞り入れ」は一・五分(四・五ミリほど)。三枚の少しずつ大きさの違う盛器は、夏林さんが考案したもので三枚が重ね合って一枚に納まるものだが、これもお絞り入れと同じ幅のひごにする。

ざるや手提げ籠などはもう少し太い。

シノダケは身が薄く、四つに割っただけで幅がないので、面取りのようなことはいらない。

編み方は、基本は「ざる編み」。大きさに合わせて縦軸を用意し、その間を交互に横にひごを編んでいく。シノダケのひごは細いので縦軸は三本並べて使う。

手提げ籠を編むときの「網代（あじろ）編み」も三本を一単位にして使う。シノダケは一番太いものでも直径が八ミリ、周囲が二五ミリほど。四つに割れば、一番広いものをそのまま使っても六ミリしかない。

シノダケの特徴は、ひごの幅が狭く短いが、皮が薄く丈夫なことである。

シノダケとマダケのざるの大きな違いは、シノダケは内側に竹の皮が出るように作ってある。このほうが水切れがよく、丈夫であるからというのだ。

「マダケは硬くて折れやすいんだ。硬ければ丈夫だと思うべどもそうでもねんだ。シノダケは皮ばっかりだから軟らかくて折れづらくて、丈夫なんだ」

マダケで同じことができないかと廣島さんに聞いてみた。

「できんことはないが、編みにくい。水切れはいいんじゃろうが、内側に表が来ると折れやすいんじゃ。折れるととげが出て使う人に傷がつくかもしれん。外に皮があると、ざるはあちこちにぶつかったり、乱暴に扱っても傷がつかんということもある」

それぞれ素材の特徴を生かして工夫を積み重ねて得た結論である。共通していえることはとにかく丈夫に作ることである。そのためにどちらも縁の編み込みには時間と手間がかかる。縁をひごで巻きあげたざるは、何升もの米を入れて何年も使い続けられる頑丈さを持っている。

夏林さんのところでは、ざるをはじめ、取っ手のついた六角形の豆腐籠や、板前さんが買い出しに行くときの手提げ籠（これは皮が外側）、山や野に出かけるときの「かっこべ」を中心に作る。

大きなものは少ない。

そのせいもあるだろうが、仕事場にかけた火燵(こたつ)に座って編んでいた。道具も農家の副業だった名残りか簡単なものである。

ペンチや千枚通し、剪定鋏(せんていばさみ)などを除けば、やや小ぶりの鉈が竹を割くために使われるだけ。鉈は片刃で、廣島さんたちが竹細工専用の両刃のものを使っていたのとは違う。

夏林さんのところには弟子希望者が趣味と実益を兼ねてやってくるのだが、夏林さんはなかなか厳しい。

「他に収入があったり、余裕があるとどうしても本気にならないから、なかなかうまくならないんだ。これは仕事だから、厳しいもんだ。気持ちは結果さ出るからな」

夏林さんは病気の夫に代わって篠竹細工で家族を支え、家を建てた。それだけ必死で取り組んできたのだ。こうした仕事は商品の値段が安いから、手際と丈夫さが勝負である。職人が手際よく作った品物は、数をこなしてきた人たちだけがあらわせる美しさを持っている。

土産物店には東南アジアから輸入された大量の竹製品や籐細工が並んで売られているというのに、この国には後継者がいない。

秋田のイタヤ細工師

東北太平洋岸には多いスズタケも、積雪が多い日本海側や奥羽山脈付近になると姿を消し、自生するのは根本の部分が曲がった根曲がり竹（チシマザサ）になる。この笹の稈を使ったざるや籠もあるが、竹に代わる素材を使って、籠類を作ってきた。その代表格なものがイタヤ細工である。

素材は板屋楓（イタヤカエデ）というモミジの仲間で、秋には見事に黄葉する。山野に自生し高さが二〇メートル。このほかにも山ウルシやウリハダカエデを使うこともあるが一番利用するのがイタヤカエデである。この木から薄い板状の細い帯を作り出し、それを編んで籠を作ったのである。

かつては秋田県、山形県各地にイタヤ細工の職人がいた。こうした地方をまわると、農家の納屋や外壁に吊してあるイタヤの籠や箕（み）を見かける。最近まで、秋田市太平（たいへい）や鳥海山麓（ちょうかいさんろく）、山形にも職人がおり、イタヤで「かっこべ」と呼ばれる腰籠やびく、箕、買い物籠、菓子盆などを作っていた。

秋田県仙北（せんぼく）郡角館町には今もイタヤ細工の職人たちが残っている。

その職人の一人に菅原昭二さんがいる。彼は昭和二（一九二七）年生まれ、弟さんもイタヤ細工をし、息子の清澄さん（一九四九年生まれ）も同じ仕事をしている。菅原さんの仕事場を何度か訪ね、話を聞き、作業を見せてもらったことがある。

仕事場は自宅の居間とそこに続く板敷きの三畳ほど。鉈や刃物を使うときに使う直径三〇センチほどの輪切りにした台を使う。すべての作業は座ったまま行う。他の職人の仕事場も訪ねたことがあるが同じぐらいの狭いところでやっていた。素材のイタヤが一メートルほどの長さであるからそう大きな作業場はいらないのであろう。

素材のイタヤカエデは山から伐り出した生のままがいい。そのほうがへぎやすいからだ。数日たって乾燥したものは水に浸して使う。

素材の調達は、細工職人が自分で取りに行くが、専業者から買うこともある。材料のイタヤカエデは何でもいいわけではない。

「イタヤは雑木山に自生するども、ブナの林に混じっているものが素直で使いやすいすな。癖のあるものや、枝が出ている部分は割りづらく使えないし、太過ぎてもだめだね。直径が二寸五分（七・五センチ）から三寸（九センチ）がいいすな。これぐらいまで一五年ほどかかるんですな」

「一五年ごとに同じ山で同じ木の子孫を使えるから資源に困るということはねっすな。ただし、杉の植林のところには出ねぇから、雑木山が伐られてしまえば、困るすな」

イタヤカエデは乾燥すれば堅い木で、靴の木型や漆器の木地、農耕器具の柄などにも使われる。イタヤ細工用には長さ三尺五寸（一・〇五メートル）に伐り出してくる。

イタヤ細工の工程を紹介する。

まず、生木を鉈で八つに割る。「細工鉈（さいくなた）」と呼ぶ片刃の鉈である。座ったまま、鉈の刃を上向きに台の上に置き、その上に割るイタヤカエデを立て、とんとんと叩いて割る。太いものは木槌で叩くこともあるが、こうするだけで簡単に割れる。この素直さ、直裂性が竹の代わりになるゆえんである。半分に割り、さらに半分と八分の一まで割る。この作業を「大割り」という。刃を当てるのは、木の裏（梢側）から。

「私らは木は裏からっていいますな。昔からそういわれてますし、実際にそのほうが割りやすいんです。裏っていうのは先、梢のほう、元は根本に近いほうっていう意味だんすな」

簡単に竹を割るように割っていくが、木の性質は粘っこい。

「イタヤはしない（粘りがある）木だすな」

「しない」は柔らかいのにかみ切れないネギなどをさす言葉である。

八つに割ったら、次に「芯とり」、年輪の中心を取り去るのである。

「ここらは若いときの枝が出ていた節があるから、使えねんだす。だから取り去ってしまいます」

八つに割られたときは三角形であったが、芯が取られ台形になる。

この台形の底の広がりの部分の両側を削り落として、長方形にする。

これを「幅とり」という。

このときに編みあげるもので幅が決まるが、だいたい二分（六ミリ）ほどが基準。こうして年輪に沿った長い棒状のものが出来上がる。これを薄くへいでいく。鉈を使って、八枚から十枚にへぐ。この作業を「小割り」「折り板曳(び)き」という。

いかに素直な木とはいえ、生木を均一の厚さに凹凸(おうとつ)なくへいでいく作業は熟練がいる。端に切れめを入れ、足の親指と人差し指で挟んで押さえ、刃でこじりながらへいでいく。指先の感覚で一方が厚くなれば刃を戻し均一にしていく。

「薄くなると、指で挟みづらくなるので、前歯を使っていたんだども、二本が入れ歯になったら、微妙な調節がきかなくて、歯は使えなくなったんです」

「この厚さが均等にうまくへぐことができるようになればかなりの

ものですが、これが難しいんだね」

昭二さんはおじいさんの代から数えて三代目、一五歳からすでに商品を作って売り歩いていたという。息子の清澄さんは高校を出て、一度会社勤めをしたが、親の仕事の後を継いだ。今は十分一人前の仕事をこなしているが、「この薄くへいでいく作業だけはまったく親父にかなわない。あれはうまいもんだ」と感心する。

子供のときから指先に覚えさせた技は、指先にセンサーがあるごとく、微妙な厚さを感じ取っているのだ。このセンサーに感じた反応を作業に移す体を作ること、これが訓練である。

三尺五寸、直径二寸五分ほどの木から、六四本から八〇本ほどの帯ができる。この量で籠一個を編むことができる。

へいだままで編むこともできるが、「鉋仕上げ（かんなしあげ）」「面取り」という工程を加える。雨や水気、かびがつきにくいように、表面に鉋をかけ、縁を落とすのだ。仕上げの道具は「かっちゃ小刀」という独特の刃物。かっちゃ小刀の「かっちゃ」は方言で反対、逆という意味で使う。刃が反対向きに付いた小刀の意味である。小さな鎌の刃が反対側に付いたものと思ってもらいたい。刃は直線である。刃で木の面を押さえ、毛羽立っていた表面をこそぎ取るように削るのである。

鉋をかけ、縁を落とすと、艶（つや）が出る。

さらにシナノキから取った繊維でこすりあげ光沢を出す。

こうしてやっと編みあげる段になる。白木のまま使うことが多いが、時に泥で染めたりする。これは丈夫さのためではなく、紋様や意匠である。

白木のままで長持ちし、「一代なら修理もせずに十分持ちます」と、使って艶の出た籠を見せてくれた。見事な飴色（あめいろ）に光った籠であった。籠の本体を編む素材と、縁用は違う。縁を編むことを「からかぐ」というが、このための素材は直径四センチほどの若い木から特別に取る。

太い木は年取った木で粘りがないが、若い木は粘りがある。

イタヤ細工の編み方は竹細工と同じ。「網代（あじろ）」「カゴメ」「升型」「ピッセン編み」など二〇種類ほどある。

デザインや注文により、さまざまな編み方を工夫しながら、手提げ籠、かっこべ、花立て、菓子入れ、菓子盆、はがき入れ、くず籠、衝（つい）

立（たて）、屏風（びょうぶ）、椅子、バスケット、箕（み）などを作っている。

かつて、職人たちは自分たちで材料を手に入れ、製品を作り、市（いち）に出すか、家々をまわって売り歩いた。菅原さんは一五歳のときから売り歩いたという。小豆や米やリンゴと取り換え、次の家で、その品々を現金やさらにほかのものに換えたというから、わらしべ長者のような話である。

一番売れたのは箕であった。これは前に鹿児島の箕作りのときに紹介したが、イタヤのほかに山桜の皮や、藤の蔓、根曲がり竹を使ったもので、日に十枚売れたこともあるという。

「箕一枚の値段はハンダワラって決まってました」

ハンダワラは半俵、つまり米一俵が六〇キロだからその半分の値段であったというのだ。私が菅原さんに会った一九九四年は秋田で米三〇キロが一万五千円であり、今も箕は半俵分だから一万五千円ですと。米の価格がだいぶ下がって、これでは食っていけないが、慣習だから今も同じなのだという。

売り歩くときは錐（きり）と箕作り用の包丁、イタヤを持って歩き、修理もした。

一番売れるのは一二月であった。かつて、日本の各家では正月を迎えるまえに品物を買い換えることが多かった。そのため、年末の市に職人たちは自分の製品を持って行ったのである。

買い手は作り手の顔を見、馴染みの職人の製品を買った。丈夫で、自分好みのものを選んで買ったのである。近頃、手作り志向などもあり、イタヤ細工は人気がある。菅原さんは、一年の半分近くを、奥さんと各地のデパートをまわりながら、実演をし製品を売っている。そこで馴染みの客もでき、売り上げはなかなかだという。デパートは新しいかたちの市なのであろうか。

イタヤ細工の残っている角館地方では、今も山遊びや野良仕事の道具としてイタヤ細工が使われ、荒物屋、雑貨屋に商品が並んでいる。

檜枝岐（ひのえまた）のはんぞう

福島県南会津郡檜枝岐（ひのえまた）は、尾瀬への一方の登り口である。今は観光が主体になっている村であるが、かつては杓子（しゃくし）、曲げ物、はんぞう

（木鉢）などを作って現金化していた人たちが多かった。

平野守克（ひらのもりかつ）さんは大正一四（一九二五）年生まれ、年間を通してはんぞうを作っている数少ない専業者の一人である。

「はんぞう」というのは、蕎麦（そば）をこねるときに使う木の鉢のことである。直径はさまざまだが、一尺二寸（三六センチ）、一尺三寸（三九センチ）、一尺六寸（四八センチ）、時には一メートルを超えるものまで作る。

　はんぞうの語源を平野さんは次のようにいっていた。

「朝飯、昼飯、晩飯、すべてハンがつきますでしょ。ここではハンといっても蕎麦が中心でしたが、ハンを作るものなので『飯造』とか、冷蔵庫代わりに残りご飯を、この入れ物に入れて蓋をして取っておくと傷まなかったので『飯蔵』ともいわれていますが、たしかなことはわかりません」

この地方は二〇〇〇メートル級の山々に囲まれ、村の一番低地でも標高八〇〇メートルという高地で、稲作が適せず、小麦もできないので、蕎麦に雑穀や野山のものを混ぜて食べていた。この習慣は今でも変わらず、檜枝岐を訪ねると、必ずはんぞうでこねた手打ちの蕎麦が出される。蕎麦をこねるのに欠かせぬのがはんぞうである。

蕎麦をこねる鉢は、日本の各地方で少しずつ形が異なる。檜枝岐のものは底まで丸い曲線が続き一目ずつ手斧（ちょうな）の跡が鱗模様（うろこもよう）についている。ほかの地方では、底が平らになったものや、鱗模様のないもの、仕上げに漆を塗ったものなどがある。

檜枝岐のはんぞうの材料は栃の木（トチノキ）である。

「トチノキは大きく、たくさん取れますし、ひびや、割れが入りづらい。ブナもここらはたくさんありますが、はんぞうにすると、ひびが入ったり、割れたりして使えないんです。ブナは杓子やへら作りの材料です」

はんぞう職人はトチノキの丸太を購入する。昔は、山に小屋がけをし、そこに寝泊まりしながら、自分らで伐り出した木を製品に作りあげたが、今は材料の供給は国有林からの払い下げか、業者を通しての購入が主である。

かなりの大きな木を必要とするために、すでに地元産のトチノキは消費してしまい、今は手に入りにくい。平野さんたちは丸太のままのトチノキを購入するわけであるが、肝心な中までは見通すことができない。節があったり、腐れがあったり、割れが入っていれば、大きさから予想した数は取れない。

「作っている途中で、はんぞうの縁の部分に節が出てきたりすると製品にならないんで、途中で投げ出さなくてはいけないんです。そういうものが年に五、六個あります。こういうのは作るほうも大変ですし、買うほうもいやでしょうから、捨てるしか仕方がないです。原木を買うときには外からはそういうことは子細に見てもわからないことがあります」

手に入れたトチノキから何個の、どんな大きさのものを取り出すかを、じっくり検討する。はんぞうの木取りを平野さんはこう説明してくれた。

「トチノキの中心に近い、アカミ（赤身）は割れるんです。ですから、ここは使えません。外側のシロタ（白太）の部分から、縦に何個のはんぞうが取れるか見るんです。ですから多くて三個、場合によっては二個。絶対に四個は取れません」

へらや杓子はブナの木から材料を柾目（まさめ）にとって使う。

今は木取りはチェーンソーを使う。棒に穴を開けただけの簡単なコンパスで、作るはんぞうの直径を描き、大ざっぱに、その形に合わせてチェーンソーで切り取っていく。ここまでは材木置き場で、ここから先、中を刳（く）り取る作業は作業場で行う。

作業場には楢（ナラ）の木で作った四角の台が据えられている。この台は地中に一メートルも埋め込まれ、地上部は三センチほどしかない。手斧（ちような）を振り下ろして、彫り込んでいくため、微妙な揺れやぐらつきは危険である。そのためにも、こうしたがっしりした台が必要なのである。

仕上がりより大きめに木取りし、刳る部分にチェーンソーで縦横に切れ込みを入れる。昔はこの工程を手斧でやっていたため、一個のはんぞうを刳るのに、一日半から二日かかったという。今は下準備が終わっていれば、仕上げまで一日で上がる。

「荒取りが簡単に終えられるのは、チェーンソーのおかげです。こういう新しい道具は使い方次第です。これで仕上げはできませんが使いようです」

機械や電動の工具の出現やそれを使うことを伝統の技の衰退という人がいるが、それは違うと思う。機械には機械の使い方がある。荒取りや下準備には機械が十分の効果を上げる。技は道具の進歩と共に培われてきた。木の性質を読み、新しい道具をいかに使うかは工夫であり、堕落ではない。技や木の生かし方を知らずして、電動工具に任せて満足してしまうことに、技の衰退があるのである。

チェーンソーで刻みを入れた後「手振り」という柄の短い手斧で刳っていく。手振りは刃が内側に曲線を描いた道具である。トンカチの釘抜きの形を想像してもらいたい。あの釘の頭を挟む部分を大きく平らにし、刃をつけたものが手振りである。刃は斧のように厚く、重い。この重さを利用して、一日中こんこんと打ち下ろし、彫り込んでいくのである。初めは荒々しく、大きく掻き取っていくが、仕上げ近くになると、刃の跡目が仕上げの鱗紋（うろこもん）になるよう、微妙で、正確なコントロールを必要とする。一振りの狂いが紋様をだいなしにし、製品をくずにしてしまう。

無心に振り下ろされる手振りは見事な鱗模様（うろこもよう）を刻んでいく。近頃では、機械で鉢を刳り抜いて、この手振りの目を仕上げに刻みつける人もいるというが、手振りの刃物の打ち加減で木の性質を見抜き、微妙なカーブを彫りあげていく作業は機械にはできない。

手道具のよさは手加減できることである。鍛錬を積んだ職人の手はセンサーを組み込んだ精密機械である。微妙な刃の感触や反動、音色や手応えを感じながら無意識のうちに修正を行っているのである。これは機械にはできない。この修正が無理を避け、暖かみを生み出し、製品の味となる。

はんぞう作りの技を習得するために、平野さんが弟子入りしたのが二七歳のときだった。奥只見（おくただみ）に入植し、そこではんぞう作りの職人に会い、弟子入り。下働きから始め、簡単な手伝い、下作業と修業を積み、二、三年で、自分でやれるようになった。

「何十年もやっているけど、それでも木取りがうまくいき、目が揃い、満足が行くものは滅多にできませんな」

木取りは見えぬ木の内部を推し量ることである。それには経験を積んだ観察力がいる。そして手振りの正確さは技である。一朝一夕ではなしえない。そして職人たちは一作ごとに反省し、次回こそと精進する。

　はんぞうの外側は刃先がカーブを描かない小型の鍬のような形の手斧で仕上げていく。平野さんがはんぞう作りに使う道具は手斧が二種、チェーンソー、縁の仕上げに使う鉋、その程度のものである。こんな微妙な目を彫り込んでいく作業が振り下ろされる斧で行われるところが不思議である。どう考えても微妙な仕上げを行う道具に斧は向いていない。しかし、よく研ぎ澄まされた斧はリズミカルに、その重さを利用して振り下ろされ、トチノキを削り取っていく。

　これが美術品のように細心の注意を払って彫り込まれていくものであったら、はんぞう作りは生業にならなかっただろう。

「このはんぞうの値段は、昔は現金がなかった時代は米と交換でした。昔は米が高かったせいもありますが、はんぞう一個とそれに入るだけの米と交換したのです」

一尺二寸のはんぞうで、米は二升五合しか入らない。収入を増やすためには、たくさんのはんぞうを作るしかない。そのためには、細かな作業も、重みがあり、はかのいく斧を使ったのであり、本来、細かな作業には向かない斧を自在に操る技を習得しなければならなかった。

「これがなければ、蕎麦をこねるのに困りますな」

プラスチックの容器でも、瀬戸物の容器でも、これに代わることはできない。

「この目（鱗紋）が蕎麦がくっついたのをはがすとき役立ちますし、混ぜご飯や寿司を作るときに、白木の肌が水分を吸い取ってべたつくのを防ぎます。おいしい蕎麦、おいしい寿司、混ぜご飯を作るのにはんぞうは欠かせません」

今、はんぞうの注文は多い。しかし、作り手はいない。平野さんにも後継者はいない。長い修練が必要な仕事であること、長い修業と毎日の手作業のわりには報われない手間賃。そして、原木の不足の問題もある。

私が訪ねたときには、岩手県から買ったというトチノキか置かれていた。輸送費や品不足を理由に、日常使いのはんぞうの値を上げるわけにはいかないのだ。

この村には杓子作りの職人も多い。

杓子は、柾目に割ったブナの板から鉈で荒い形をとる。それを湯で茹(ゆ)で、木を柔らかくして専用の刃物で丸くえぐり取り、形を整えて仕上げるのである。

平野さんも冬の間はこの作業をする。作業は単純だが、はんぞうより杓子のほうがずっと修業を要するし、難しい。杓子は少なくとも五年の修業が必要だった。一人前の職人は一日に百個の杓子を仕上げた。それが今は三〇個しかできないという。年を取ったということもあるかもしれないが、作り出す環境も変わったのである。

日用品を作り出す職人の収入は、手間賃であったから、みな数をこなした。数をこなさなければ、家族を養えず米や味噌や醤油も買えなかったので、朝早くから深夜まで作業をした。村では杓子一個がいくらと現金扱いであり、杓子を納めることで、その分だけの買い物をした。

しかし、事情は変わった。金を稼ぐためなら、もっと手早く効率のいい仕事があるのだ。都市での人件費の高騰は、農村の人口を吸収した。杓子やはんぞうを作るしか収入が得られない時代ではないのである。村で平野さんより若いはんぞう作りは一人だけ、八歳ほど下の人がいるといっていたが、その人でさえすでに六〇歳を過ぎている。彼らはこの仕事が嫌いなわけではない。

「この仕事はおもしろいですよ。いやにならないです。一個ずつ手作りだし、材料が違うから同じものはできません。今度はよくできた、次はここをこうしてみようと考えます。体調の悪いときには体が利きませんから、休みます。無理して、時間に追われてやってもいいものはできません」

どの職人たちも仕事はおもしろいからやっているという。後継者がいないのは、彼らの仕事がおもしろく見えないからだろうか。それとも、たんに、お金にならないからだろうか。

はんぞうが姿を消したら、プラスチックや金属のボウルで蕎麦をこね、五目飯を作るのだろうか。はんぞう作りの職人が姿を消すときに、はんぞうはなくなる。ないものは仕方がないと、現代人はまた新たな代用品を持ち出すのだろうか、それともすべてを機械にゆだねてしまうのだろうか。はんぞうが姿を消すのは遠くない。

船大工

船の形や各部分の呼び方は、地方ごとに異なる。川船を例に挙げれば、長良川（ながらがわ）の川漁師が使う船は槇（マキ、常緑の針葉樹）でできていて細長く、底から船縁（ふねべり）までが深い。熊野川（くまのがわ）の川漁師の船は木の葉のような形である。岡山県の旭川（あさひがわ）の川船は後ろがまっすぐに切れ、舳（へさき）のついた箱のような形をしている。秋田の川船は、箕（み）先船（さき）と呼ばれ、先端が尖（とが）っていない。四万十川（しまんとがわ）の船もこの形に似ている。

用途や川の様相、急流か否か、淵（ふち）が多いかどうか、漁の船であれば捕る魚の種類によって形が違っているのだ。

船はもともとは一本の木から刳（く）り抜いた。ネパールのポカラ湖やアマゾンの川で、現地の人が作った丸木舟を漕（こ）いだことがある。ポカラ湖では木をそのまま刳り抜いただけの船で、曲がったキュウリに腰かけているようなものだった。持ち主のじいさんはその船をまっすぐに漕ぎ、対岸から渡ってきたが、私たちはぐるぐるまわるだけでまっすぐには進まなかった。友人と前と後ろに座って漕いだのだが、あまりにおかしくて笑ってしまった。

アマゾンのオリノコ川を漕ぎ上がるために借りた船はまっすぐな船であった。かつては粗末な櫂（かい）で漕いだのだそうだが、今は人間を十人ぐらいと荷物を載せて、五馬力のエンジンをつけてさかのぼっていた。

この船は、巨木を伐り倒し、中を刳り抜き、幅を押し広げて作ってあった。船には棒を幾本か渡し、水圧に耐えるようにしてあった。

ほかに船にはバルサの枝が載せてあった。大人が人差し指と親指で輪を作ったぐらいの太さだった。バルサは比重が〇・二と軽く、筏や救命具を作るのに使う。

丸木船には節もあれば腐れもあるし、傷もつく。そんなところから水が漏ってくる。浸水が大きくなるとバルサ材が役に立つ。穴や腐れを見つけ、先端を尖らせたバルサ材を打ち込んで穴を埋めるのである。バルサの栓は水を吸ってそのうち漏らなくなる。

乱暴な言い方だが、丸木を刳り抜くなり、板を継ぎ足して、水面を進みやすい形に作り、漏らないようにすること、船造りの基礎はこんなことである。もちろん技術が進み、形には工夫が凝らされ、丸木を刳り抜くだけの時代とは大いに違うのであるが、極論をいえば、速く進み、ひっくり返らず、荷物を積むことができ、漏らないことが肝心なのである。船大工の仕事はそんな船を造ることにある。

沖縄のサバニ大工

沖縄のサバニはそうした船の原理を残した美しい船である。丸木船から引き継いだ刳舟（くりぶね）の姿を残している。

サバニは海で漁をする船として造られた。しかし、今は新造のサバニを注文する人はいない。ハーリーなどの祭りの船は伝統的に木造船を使っているが、現在漁に使われているものはＦＲＰ（ガラス繊維強化プラスチック）製である。

大城正喜さん（一九二六年生まれ）は、船大工の四代目としてサバニを造り続けてきた。生涯造った船の数は四百を超える。私が彼を訪ねたのは一九九四年の糸満のハーリーの日であった。彼は息子に船大工を譲り、今はサンシン（蛇皮線）作りをしている。

彼は「サバニ」ではなく「サバンニ」が正しい呼び方だといった。「サバ」は方言で「サメ」のこと、「ンニ」は船のことなのだという。大城さんのようにサメを捕るのに使った船だからサバニというのだという人もあれば、瀬船、素船、小舟という使われた場所や形、大きさからきたという人もいる。

また、造りあげた船にサメの肝臓から取った油を塗るからだともいう。サメの油は防腐剤であり、防水効果がある。大城さんも自分のサバニにはサメの油を塗った。

「新造船でしたらサメの肝臓から取った油を約一斗（一八リットル）ぐらい使います。塗りたては臭いですな」

サバニの形も造り方も変わってきている。

「サバニの大きさはさまざまですが、標準的なサイズは長さが七メートルちょっと、幅が三尺三寸ぐらい。私が造った船で一番大きなものが四トン半ぐらい、長さが一〇メートル、幅が八尺ぐらいでした。七メートルぐらいのサバニは底が丸いんですが、大きな船は底が平らになります」

材料が豊富にあった時代は、一本の木から刳舟も作ったが、大きな木がなくなると、木を接いで船を造ることが要求された。

昔は地元の琉球松であったが、昨今は宮崎県飫肥の杉である。現在のサバニは杉の合わせ船である。サバニの底は厚い材を刳り抜いた前、中、後ろの三枚を接ぎ合わせてある。側面は基本的には二枚、ただし艫のせり上がった部分が四枚足されているから、側面は六枚になる。さらに艫の「ヒーザキ」、後ろの「トウムザキ」という部分がはめ込まれて船の基本形が出来上がる。

同じ厚さの板を接いで造る船を「接ぎ船」、サバニのように半刳りのものを「合わせ船」という言い方をする。厚い材を彫り込むのは手斧を使う。

「荒削りは手斧で削るわけですが、大工さんの手斧の柄は曲がっていますが、わたしらの手斧はまっすぐなんです」

横の板（舷側）は厚さが一・五寸から二寸（四・五～六センチ）、底の板はもっと厚く刳り上がっても二寸は残る。そのために時には八寸（二四センチ）もある厚さの材が用意されることもある。これらの板を接ぎ合わせるのだが鉄釘は一切使わないし、板を重ね合わせることもない。

「鉄の釘は絶対に使っておりません。使うとそこから錆びて、それが傷になって腐るんです。ですから代わりに竹の釘と、分銅というものを使います」

竹釘は左右のずれを防ぐ縫い針の役をし、蝶ネクタイの形をした分銅を二枚の板に渡るように埋め込んで接（は）ぎ合わせる。分銅の素材は沖縄で「チャーギ」と呼ばれる犬槇（イヌマキ）。目が細かく密な材である。分銅を埋め込むためには、鑿（のみ）と搔鑿（かきのみ）という削りくずを搔き出す道具を使う。分銅は三六センチ間隔で打ち込み、その間に孟宗竹（モウソウチク）で作った竹の釘を入れて接いである。

船大工の技の基本は二枚の板をぴったりと接ぎ合わせることにある。水が漏れず、水圧に耐え、珊瑚礁（さんごしょう）や砂に乗り上げても壊れない丈夫な船を造らねばならない。

後でサバニとは違う木造船を紹介するが、基本は同じく板を接ぎ合わせる技術にある。

サバニは、長さが決まれば、それだけで大工の頭に形が出来上がるので図面を描(か)くことはない。材料の杉板の上に直(じか)に原図を引き、そのまま鋸を入れていく。

幅と長さの比はサバニの場合、一対六ほど。中心よりやや前で最大幅になり、後ろで細く絞られている。船底は狭く最大幅のところでも二尺（約六〇センチ）ほどであるから、断面図はU字型になる。そのために舷側は曲げとひねりの二つの力が加わることになる。このひねりと曲げが板に緊張を与え、水の抵抗に強い形を作り上げている。

厚い杉の板を曲げる道具は簡単なものである。端を枠で止め、「締め鉈」と呼ばれる何本かの棒で、熱湯を板に注ぎながらゆっくりと力で捩(ねじ)り曲げ、締め込んで形を整えていくのである。

サバニは胴が細く、底がU字形でアウトリガーなどを持っていないため、横揺れが大きく不安定な要素がある。その不安定さをサバニ乗りたちは上手に利用している。

「船がＦＲＰなら比重が重いために船が転覆すると起きあがれないし、そのままでは沈んでしまいますが、木造船は水がいっぱい入っても、水を掻き出しましたら浮いてきます。水が入っても、せり上がった艫や先端は水面に出ていますから、中に人が入ってアカ取り（船に入った水を汲み出す道具）で掻き出すことができます。これはＦＲＰではできません。海人は嵐に遭えば、わざと船を転覆させてしまうんです。そして裏返しにした船の中に入って嵐をやり過ごします。櫂もアカ取りも漁の道具も大事なものはみんな**くびって**ありますから大丈夫です。船に渡してある横棒のウシカキーとハイアグアは補強材ですが、ここにつかまって待つんです。それで嵐が過ぎたら、船を起こします。船は簡単に起こせるようになっています。船を起こしたら、大きな波に向かって船を押し出すわけです。そうしたら波が中の水をさらっていくんです。水が出やすいように造ってあります。そうやってまた船を漕ぎ出します。サバニはそういう船なんです」

旧暦の五月四日に糸満で行われるハーレーの祭りには、漕いでいた船をいったん転覆させて、それを起こしゴールを目指すという競技がある。サバニの特性を生かした競技なのである。

「サバニの特徴は波に乗るようにしてあることです。おもて（先端の部分）の形もそうですし、縁の勾配（こうばい）、艫（とも）の勾配で波に乗りやすくなっています。帆も使います。スピードも出ます。風を捕まえますとエンジンを着けた船よりも速かったです。徳之島から沖縄まで七、八時間で来れたんですから。最高一八ノットも出たんじゃないですかね。通常は櫂で漕ぎます」

サバニには舵が付いていない。櫂で舵の役目をさせているのである。艫の人が櫂で方向をとるのである。

櫂は「ウエーク」と呼ばれ、長さは一・五メートルほど、柄はまっすぐだが、水を搔く部分は曲がっており、断面は頂点の低い三角形をしている。漕ぐ部分の幅は九センチほど、三角形をした側を「ワタ」、平らな裏を「ウラ」と呼ぶ。三角形をしたほうで水を搔き、舵を取るときは平らな裏を船に付けるようにして方向を定める。昔は櫂専門の人がいて、作った。材は沖縄で「イーク」と呼ばれる木斛（モッコク）。

「櫂はずいぶん細いんです。幅が広いとぱたぱたしますから狭いほうがいいんです。水に入れたときのさばきは名刀の切れ味に似ています。上手に作られた櫂は漕ぎやすく、舵も取りやすいものです」

「漁師たちはサバニのよさを知っていますから本土復帰後は、奄美(あまみ)大島(おおしま)のほうからも注文が殺到しました。あのころは二カ年待ってもらいました。今はハーレーブニ（ハーレーの船）とか祭り用が主です。サバニは手入れさえすれば百年は持ちますがね……ＦＲＰの船が多くなりました」

木造船は手入れをしないと長持ちしない。

「手入れは面倒なんです、今の若い人たちは、ＦＲＰは手入れが簡単だから、乗り心地や波乗り、操船を犠牲にしてもＦＲＰを選んでいるんです」

二〇〇〇年の三月、糸満を訪ねたら大城さんの息子さんがサバニを造っていた。競技用の注文だという。櫂作りの人はいなくなって今は自分が造っているという。材はモッコクではなく、アピトンというオールを作る外材であった。

熊野川の平田船（ひらたぶね）大工

サバニが速く漕ぐように、細長く造られた船であるとするなら、熊野川の平田船は木の葉を浮かべたような船である。中尾勉（なかおつとむ）さん（一九三二年生まれ）は国鉄（現ＪＲ）出身の船大工である。彼は自分が造っている熊野川の船をこういう。

「海の船でしたら、喫水（水中の部分）を深くして波切りのいいようにするんやけど、ここの船は、熊野川は落差の激しい川やから勢いに逆らわず、急流に乗るように水面に浮くように走る船やね」

平田船は板を接ぎ合わせて造ってある。彫り込んだ部分もないが、重ね合わせることもない。骨組みもない。それでいて、熊野川の激流に耐えられるように工夫されている。

船の長さは二八尺（約八・四メートル）。

「この長さは、船に乗ってみんとわからんのやけど、舳（船の先端）に立って棹をさしたときに二六尺以上ないと尻が上がってしまうんです。錨を入れるときもそうです。これより大きければいいんやが、あまり大き過ぎてもこんど棹をさすのに重いから、昔からこの大きさなんやね」

船には川に合った適当な寸法があるのである。

材は地山から伐り出した杉である。地山とは地元の山のこと。使うのは中心部のアカミ（赤身）の部分。「コア」と呼ばれる外側の白い部分は使わない。

「コアは腐れよるんです。船は全部コア抜きです。節のあるほうがいいんです」

薪を割るときに、節がなければ簡単に割れるが、節があればそこで刃が止まる。それと同じ理由で節があるほうが割れに強いのだ。

木の節にも二種類がある。

ひとつは「死に節」といい、指で押しただけでぽんと抜けてしまうもの。この節は船造りには困る。ないほうがいい。あれはすべてを抜いて埋め木をする。多いときには一隻の船を造るのに二百個もの節を埋めなくてはならないという。

もうひとつは「生き節」で、枝の生えていた部分である。この節はひびが入ってもそこで止めてくれる。

「平田船は底の板が四枚張り合わせてあるんです。底を『シキ』っていいます。四枚なので四枚接(は)ぎ。三枚でもいいんですが、三枚だと割れる率が高い。四枚接いで釘(くぎ)がたくさん入ったほうがよろしいからね。この板を四枚張り合わせて、水を漏らさないようにするんですが、外から見えませんやろけど、船釘が九〇本ほど使ってあります」

船の構造は底に四枚の板。その上に「カジキ」と呼ばれる、勾配を持った横板が付き、その上にさらに「ウワダナ」がついて船の形を作っている。

側面の水圧に耐えているのが船梁（ふなばり）で、檜（ヒノキ）のアカミのいい木を使う。細く先をすぼめてせり上がった舳は欅（ケヤキ）で作る。この地方では「サブタ」という。板はすべて複雑な形で合わさっているのでその組み合わせが難しい。

「表に出ない釘は『オトシ』っていうんですが、これは鐔鑿（つばのみ）で、釘が入る穴を先に彫っておきます。まっすぐ打ったんでは釘は板の先に出てしまうから鑿を打ちたい角度に曲げておいて、釘もその形にして打ち込むんです。その後に釘締めで締めて、釘穴の上に埋め木をします。この方法で板を重ね合わせることなく接ぎ合わせるんです」

船大工が使う船釘は、私たちが通常使う丸釘とは違う。一本ずつ鍛冶屋が作った平らな釘で、頭の部分がL字形に曲げてある。一本が百円以上する手のこんだ釘である。太さや長さが異なるこの釘を板の寸法に合わせて曲げる。釘は水に直接当たったり、空気に触れると錆びやすく、そこから腐りが生じる。そうならないように、打ち込まれた釘は表に出ないように木の中に埋もれて、板と板を結びつけている。そのために釘の通り道をつけるのが鐔鑿である。

鐔鑿（つばのみ）は鑿の根本に鐔（つば）がついていて、打ち込んだり抜いたりできるようになっている。今も宮大工は同じ道具を使って和釘を打ち込んでいる。手作りの釘とセットになった道具である。

「板を釘で接合するだけでは、水漏れを防げませんので、木殺しという方法を用います」

木殺しというのは、接ぎ合わせる板の木口を縁をつぶさぬように金槌で叩いていくのである。金槌の一方は平らで、もう一方は凸になっている。この凸のほうを使って叩くのである。叩かれた木口は凹む。凹んだ部分は使っていると水を含んで膨らんでくる。そして接ぎ合わせた木口同士がぴったりとくっつくのである。

こうして造られた船は「一生もん、親子二代で使っている人もいるし、三代乗っている船もある」という。

今、熊野川には百隻ほどの平田船がある。ここでもＦＲＰの船が増えているが、操船にも、同じ浮力を出すときの大きさにも差が出るから、大工がいれば注文はあるのだが、中尾さんより若い人は会社に勤めながらやっている人が一人いるだけという。乗り心地は造り手によって大きく違う。

「乗ってみればＦＲＰとの差はわかります。同じ形の船をＦＲＰで造ったら五人乗ればいっぱいだが、木の船だったら一五人は乗れる」

その違いはＦＲＰと木の浮力の差。ここでも、木造のよさを犠牲にしても、手入れの面倒さを嫌がってＦＲＰの船が使われているのだ。

熊野川の平田船のように板を接ぎ合わせて作る木造船はほかにも多い。

岡山県旭川の船大工

中国山地から流れ出した支流を集めて、岡山県御津郡の建部町まできた旭川はそこから津山線沿いに下り、岡山市で瀬戸内海に出る。列車の窓から眺めていると、川に幾隻もの木の舟が係留してある。幅広で、浅く、先端が尖った木造船である。棹を使って舟を押し出し、上流にのぼっていく姿も見られる。魚釣りや網漁などに使われているのだ。

建部町に住む船大工の山元高一さんは明治四五（一九一二）年生まれ、一四歳のときに船を造り始め、長い間、高瀬舟から渡し舟、遊び用の小舟（小さい船という意味でもあるが、ここらでは漁業に使う船をいう）を造ってきた。

私が訪ねたとき山元さんは長さ八間（約一五メートル）、幅八尺（二・四メートル）、高さ四尺（一・二メートル）の高瀬舟の修理をしていた。昔、自分が造ったものであるという。町の観光事業のために復元したものである。彼の仕事場には造りかけの二隻の小舟があった。長さ一五尺（四・五メートル）の舟である。

「種類によって舟の形や構造は少しずつ違うが、やることは一緒だ。水の漏らない船を造ることじゃから」

高瀬舟は「シキ（底板）」は松材を使うが、ほかの舟は杉である。

「舟はまず材選びが肝心じゃね」

山元さんは自分で山に出かけ、木を自分で選んできた。近頃は体が思うようにならないために、馴染みの人に頼んで仕入れている。

いい材というのは、アカミ（赤身）が多く、いい節がたくさんあり、粘い木であるという。中尾さんと同じ意見である。中のわからぬ木をどうやって選ぶのかと聞いたら、

「見た目に幹は丸がいい。でこぼこがあったらひびがあると思ったほうがいい。山でぽつんと離れた離れ木もだめだ。枝があったら風で押されて木が捩れるし、根離れもする」

山元さんは徳島県池田か宮崎県飫肥の杉がいいという。サバニの大城さんも同じ飫肥の木を使っていた。

「木の中のひびを『ヘダ』というんじゃが、宮崎の杉はヘダがない。

それに造船用に枝を打たず育てているから生き節が多い。枝を打つと後で死に節になって、木を埋めなくてはならないからな」

買った木は急いでいても最低一年半は乾燥させる。山元さんのところには何年も乾燥させた材が積んである。乾燥させることで木の癖を出し切らせてしまうのだ。癖を知ったうえで使い場所や使い方を決める。

同じ大きさ、同じ形の船なら材質の良し悪しで値段に上下ができる。

「杉はアカミ（赤身）がいい。縁のシロタ（白太）や、芯といって年輪の中心のところはだめだな。芯は割れる。一番いいのは芯のすぐ脇から取った板だ。アカミの、芯の脇だけで造った舟は長持ちするんじゃ。そのかわりいい値がするがな」

舟は長さと幅の注文によって形を造る。長さが決まれば、幅にはそれほど自由度はない。無理のない張りを持たせて舟の曲線が決まるからだ。その川にはその川に合った舟の形があるのだ。船大工はその形が頭に入っている。張りの持たせ方は勘と経験である。材料の癖や性質を見抜いて曲げるのだが、無理があれば折れたり、形が整わなくなる。

「未熟なときは形が整わないんじゃ。形を整えられるようになれば一人前じゃ。昔から舟大工は五年の修業というが、五年では無理だな」

一五尺の小舟を例に舟の部材の名前と板の継ぎ方を教えてくれたので、そのことを紹介しよう。

底の板は「シキ」。これは杉の厚さ一寸（約三センチ）ほどのものを使う。場合によるが三枚から五枚を接ぎ合わせる。形は真ん中よりやや前よりで最大に膨らみ、先端は尖った形、後部はやや細くなるが箱状のままですとんと切り落とした形になっている。

側面は、「モトギ」と呼ばれる舷側に、「タテイタ」という後部、「ホウベラ」という先端部のせり上がった部分を接ぐ。つまりひとつの側面は三枚の板からできている。

膨らんだ船を補強するのは、先端の尖った部分を確保する「アマオサエ」、後部の「トモアマオサエ」、先端部の「ツナツケ」、後ろと前の「腰掛け」、それと両側の船べりにしっかり食い込ませた二本の「船梁」。

死に節はすべて取り、丸木で埋め、鉋をかけて平らにする。

「生きた節でも細いひびや割れがあるもんじゃ。それにはマダケを薄く削って玄翁で叩き込み一個ずつ埋めていく。手のこんだ手間のかかる仕事じゃが、こうすれば水は漏らないんじゃ」

真竹（マダケ）を割って、板状にしたものの先端を刃のように尖らせる。節の中にある細い裂けめやひびを見つけ、その幅に合わせて削り、玄翁で打ち込む。十分に入ったところで竹の外に出た部分を切り取り、平らに均す。竹は水に強く、腐らない。この節を止める作業をひとつずつやっていく。この作業を見たときにオリノコ川のインディオがバルサを使って穴を埋めていたのを思い出した。まったく同じ原理である。

この他にも水漏れを防ぐ方法がいくつか使われている。

山元さんの板の接ぎも中尾さんと同じ木殺しをする。木口を叩いて凹ませて、後で膨らんでくるようにするのだ。さらに、「スリノコ」という縦挽きの鋸で、木口に「モダ」と呼ばれる毛羽を立てる。そして「マキハダ」や「マイハダ」という槇（マキ）や檜（ヒノキ）などの甘皮を繊維状にしたものを接ぎ合わせる面に詰め込む。

「こうしたことをせなんだら、日がこっこと照ろうが、そしたら木の接ぎ合わせた部分の口が開くんじゃ。その開いたところに泥が入る。間に入った泥は木を腐らせる。どろどろになって木に染み込み、傷口で膿んだうみのようなもんじゃ。そうならないように接ぐところはていねいにスリノコでモダを立てる、モダは水を吸って毛羽だって、泥が入るのを防ぐし、木殺しもしてあるから大丈夫だ」

木殺しが利くのは杉だからである。高瀬舟の底板は松（マツ）ででてきているが、マツは叩いてもふくらまない。そのかわり、マツは釘が利く。打ち込んだ釘は抜けない。

「それじゃあ、小舟もマツを使えばいいじゃないかというかもしれんが、マツでは重くて大変だ。それにマツは滑る。ヒノキやマキを使うところもあるときいたが、マキは重たいし、ヒノキも滑る。濡れたらつかまるところがないと歩けんほど滑るんじゃ。海の船やったら重くても軽くてもいいんやが川の舟はそうはいかん」

小舟は竹の棹（さお）一本で操る。棹を一人前に扱うには八年はかかるといわれるほど棹の扱いは熟練を要する。山元さんの舟は、棹を扱いやすく、舟を軽くするためには前を八寸ほど上げてある。渡し舟の場合は一尺あげたという。そうすることで舟が軽く操船が楽になるのだそうだ。

この加減は山元さんが自分で工夫したもの。加減は船大工によって違う。今は旭川でも専門に川舟を造る人は山元さんしかいなくなってしまったが、幾人かが競って造っていた時代でも遠くから見れば誰が造った舟かすぐわかった。形に微妙な差があり、前の上がり加減がそれぞれ異なったからだ。

木殺しをし、スリノコでモダを立て、マキハダを詰め、板と板を木口で接ぐが、接ぎとめるのは船釘でやはり鐔鑿（つばのみ）を使う。

「船釘は形や長さによって十種類ぐらいはあるじゃろ。船大工の仕事には一隻の舟に百本ぐらいの釘を打ち込むが、先端のアマオサエに打つ一本の釘をのぞいてすべて曲がった釘ばかりじゃ。厚くて一寸、ものによっては八～九分の厚さの板同士を二枚接ぎ合わせて、こちらの表から木口を通して裏にも表にも出ないように、板同士を縫うように打つんじゃからまっすぐ打ったんではどうにもならん」

釘を打った跡は埋め木をしていく。

こうして小舟一隻を造るのに、一人で約一カ月かかる。この値段が一隻三〇万円から四〇万円。材料費や手間を考えたらとても合う仕事ではなくなった。

山元さんは息子さんに船大工の技術を伝えたが、息子さんは今はやっていない。とても暮らしていける仕事ではないからだ。

「船大工はアホな仕事です。叩き大工といって一年中叩いてばかりです」

山元さんはこういって苦笑いしていたが、たいして厚くもない板を重ね合わせることなく、木口で接ぎ合わせ、水を漏らさず、川の流れに耐えて使えるものにするには大変な工夫と技がいる。些細な傷や失敗は命取りになる。

電動の鋸や鉋などの機械が導入されているが、スリノコ、鏪鏨、船釘、竹の節止め、板の接合の仕方、水の上をいかに速く、いかに軽やかに、いかに安全に乗船者を運ぶか。木造船造りの技には積み重ねられた知恵があった。

しかしここでも船外機で動き、手入れのかからぬＦＲＰの船が木造船を圧倒してしまっていた。川から小型の木造船が姿を消しているのは船大工がいなくなったからだけではない。木造船を使う人がいなくなり、需要がなくなったから、船大工は消えていくしかなかったのである。

なぜ木造船が必要でなくなったのか。

ひとつの理由はＦＲＰの船が出てきたことである。ＦＲＰが、手入れが簡単なことはサバニの項でも述べた。ＦＲＰは比重が水より重いために浮力が小さく、扱いづらいことも紹介した。

ほかにも理由はある。ＦＲＰは一隻の元船があればそれと同じ形の船を、簡単に、いくつでも造れる。ベテランの船大工の木を見る目や勘、長い修業による技術の積み重ねがいらないのである。

もうひとつ重く扱いづらくてもＦＲＰの船を選ぶ大きな理由は、船外機を使うようになったからである。船が重かろうが扱いづらかろうが、エンジンは船を前進させてくれる。

そこには山元さんや中尾さんが工夫を重ね、自分の船の特徴だといった棹扱いの軽さなどはどこにも必要がないのである。

川から船が消えたもうひとつの大きな理由は、船を必要としなくなったのである。水運を利用していた時代は終わった。鉄道網ができ、道路網が張りめぐらされ、大型の自動車が走りまわるようになった。

たとえば、北上川は岩手県―宮城県を貫く大事な水運の川であった。石巻（いしのまき）を海の入口とし内陸まで川船が荷物や人を運んだのである。この船運送が衰退したのは東北線の鉄道ができたためである。その鉄道も高速道路が張り巡らされ自動車に代わられた。

小型の川船は漁に使われてきたが、その漁もなくなった。

長良川でも四万十川でも岡山の旭川でも和歌山の熊野川でも、川船がある川にはまだ川漁が残っているし、川漁を専業にする人たちがいる。

こうした人たちはみんな木造の船を使っている。棹（さお）や櫂で船を操り、静かに水面を走らせて魚や網に近づくには木造船がいいのである。

しかし、川も変わってしまったのである。水は汚れ、中洲（なかす）はなくなり、岸辺はコンクリートになり、曲がりくねった川はまっすぐな水路に変わった。こうしたことが原因で、魚がいなくなった。魚がいなくなれば、それを捕って生計を立てていた川漁師たちも仕事が成り立たなくなり、船がいらなくなったのである。

一九九二年のことになるが、長良川の職漁師を訪ねて話を聞いたことがある。彼は三代続いてきた川の専業漁師であったが、息子にはこの仕事を継がせなかった。また、漁に連れ出し、船に乗せ、そのおもしろさを教えたら「やる」といい出すかもしれないからと、連れても行かなかった。

彼が息子にこのおもしろい仕事（彼はそういうのである）を継がせなかった理由は、川に魚がいなくなったことであった。

ここで、ちょっと道具を作る職人の話からはずれるが、川船を使っていた川漁師の話を紹介しておこう。道具作りの職人を支えていた人たちの一面が見えるかもしれない。

長良川の川漁師

大橋亮一（おおはしりょういち）さんは昭和十（一九三五）年生まれ。父親もそうであったように、自分も弟さんも長良川を仕事場にしてきた川漁師である。彼が所属しているのは長良川下流漁業組合。

彼に会った一九九二年には、

「自分たち以外にも専業の職漁師が十人ほどいる」

といっていた。彼らが漁の対象にしていた魚は、今ではごくわずかになった。

「昔はたくさんありましたけど、今は、もういろいろと生活が変わってきまして、若い嫁さんはコイやフナは食べなさらへん。今はスーパーで切り身にした魚しか食べなさらへん。ほんで、今は売れる魚はサツキマスとアイとカニぐらいのもんです。本当に魚種が絞られました」

アイとは鮎（あゆ）のことである。川漁師の仕事は釣りではない。一匹ずつ魚を釣っていたのでは仕事にならない。ほとんどが網を使って捕る。ほかには「ウケ（筌）」と呼ばれる罠（わな）を使う。

彼らの仕事は、四月の二〇日ごろからサツキマス漁が始まり、五月いっぱい。それが鮎に変わって九、十月まで。十一月からモクズガニが解禁になる。

専業漁師というのはどれぐらいの魚を捕るのかというと、鮎の場合、弟さんと二人で、五月から九月までの五カ月間で、一トンから一トン半。一キロ入りの箱に入れて出荷するのだが、値段がその一キロの箱一枚で市場で一万円ぐらいといっていた。結構な値段になるようだが、網や資材にもお金がかかる。水の加減によって網は何種類もあり、それらにはひとつずつ自分たちが編み出した工夫が凝らされている。そして、魚を傷つけぬようにはずすときに網を切ってしまう。そのため網の寿命も一枚が三〇日から四〇日という。

今も仕事として大橋さんたちは魚を捕っているが、川は変わり、魚は激減した。

「昔は魚は湧くといってました。子供の時分にはまるで鏡のように川底まで見えて、魚はうじゃうじゃおって、親父についていっても何でこんなにアイがおるのに親父は捕らんのかと思ったもんでした」

「それでも川が汚れてこの仕事ができんようになったことがありました。昭和四〇年前後は公害で、魚がおっても臭くて食べられやせんのです。今は大分きれいになりましたが、ひところはまるでどぶ川でした」

今はきれいになったとはいえ、大橋さんたちが捕った鮎ははらわたを取って出荷していた。それは川が変わってしまったからである。

「昔はこの川は大きな石ばっかりでしたけれども、川を浚渫(しゅんせつ)して大きい石を取ってしまって砂ばかりになってしまいました。アイというものは石がなければ川で生きていけません。アイは石についた苔(こけ)を食べるわけだからね。今は底が砂になってしまったから苔を食べるときに砂も一緒に食べてしまうんです。そのままお客さんが買って塩焼きするとじゃりじゃりはらわたの砂を食ってしまうことになるんで、わたを出して出荷するんです。もったいないし、面倒なことです」

「昔の長良川は中洲があり川岸には柳が生えていて魚の棲息するところがたくさんあったけれども、今は両岸がセメントの一本の水路になってしまいました。それでアイはたくさんおっても大きくなれへんのです。昔は上流の郡上で雨が降っても八時間か九時間かからな、このあたりまで届かなかったんですが、今は六時間かそこらで来てしまう。一気に流れ出てしまうんです。そして水は一気に引いてしまう。これでは魚が避難するところがないんです」

そうはいっても、旅行者の目にはまだ長良川は美しく、魚の影も濃い。わずかになったとはいえ、専業の職漁師が生活していける澄んだ川だと思うのだが、大橋さんたちが使う木造船を造る船大工はもう長良川にはいない。

槇（マキ）で造った細長く船べりの高い船は、隣の揖斐川（いびがわ）沿いに住む船大工に造ってもらうのだという。

「この船がなかったら僕らは漁がでけへん」

そういっていたが、その危惧（きぐ）が現実になりつつある。

川や海から木造船は姿を消そうとしているが、船そのものがなくなったわけではない。湖にも川にも海にも湾にもレジャーや漁の船はあるし、まだまだ客の要望にこたえてさまざまな船が造られ、送り出されている。

船に関する仕事で、消えていった職業は船大工に限らない。サバニのところでも触れたが、以前は櫓や櫂を作る職業があった。この職業も専業者はごくわずか、数人が残っているだけである。次に櫓・櫂屋の話を紹介しよう。

大阪の櫓・櫂職人

「かちかち山」のウサギやタヌキは木の舟や泥の舟を漕ぐのにも櫂を持っていた。「一寸法師」はお椀の舟に箸の櫂で都までくだっていった。渡し場の船頭さんは櫓を押して客を対岸に渡した。かつての漁師の集落にはどこにも櫓や櫂がおいてあった。東京都羽田の漁師に聞いた話では「昭和三七年の漁業権の返上まではここらは漁師町でどこの家にも櫓や櫂がさがっていたもんですよ」といっていた。

舟は前進するのに、帆や、川の流れに頼ってはいたが、思う方向に進めるためには舵を取る櫂や櫓が必要だったのである。

時代劇をよく見る人たちは、船を漕ぐシーンで船頭が何やら船の後ろで棒を押すようにしていて、それが櫓というものだということは知っているだろう。しかし今の子供たちは、船はエンジンで進むものでっていると思っているだろう。櫓や櫂で漕いだということを知っているものは少ない。それほど櫓や櫂は縁の遠いものになってしまったのだ。

今、大阪で櫓や櫂を作っているのは港区に住む山本安平さんただ一人である。山本さんは、大正一二（一九二三）年生まれ、この仕事を継いで四代目になるという。

山本さんを訪ねたのは一九九九年の夏であった。目の前が水の都大阪の代表的な水上風景と謳(うた)われた尻無川(しりなしがわ)だと教わっていったが、高いコンクリートの壁が立ちふさがり、川は見えず、店の前を大型トラックが地響きを立てて走っていく。

道路に面して昔のまま「ろかい」という看板が立っていた。まだ現役の櫓櫂屋(ろかいや)なのである。

「前は大阪に一八軒あったんです。それが戦後になって五、六軒になり、一〇年ほど前からうちだけですわ」

「今でも三十数軒の船具商から注文を引き受けているんですが、ほとんど櫓や櫂の仕事はないようなもんです。近頃はこんな柄付きのフッカーやケントビという竹竿の先端に鉄のカギのついた道具や、救命艇のオール、梃、ころ、時にはフェリーの中で使う車止めなんていう注文も来るんですわ。まともに櫓や櫂の仕事があったのは昭和六〇年代前半までですわ。その後はぱらぱら思い出したように来るだけです」

確認するために櫓と櫂の違い、使い方を説明してもらった。

「これが櫓です。船の後ろに付いていて、これを押すことで推進力が出ます。櫓は大きくわけると『櫓腕』と『櫓羽』の二つの部分からできてます」

櫓腕というのは船を漕ぐ人が押す部分で、人間の腕のような形をしている。

櫓羽は「脚（あし）」とも呼ぶ。上面が薄く盛り上がり、裏面が丸みを帯びた細長い板状で、水を搔く部分である。断面が飛行機のプロペラと同じ形をしている。このプロペラ状の櫓羽が押したり引いたりすることで、水中で推進力を作り出すのである。ただの板切れを入れただけではこうはいかない。

「この櫓を使うのは伝馬船（てんません）です。伝馬船は大きさによって三尋（みひろ）船、三尋半、四尋というふうになってます。一尋は一間、一・八メートル。四尋の船ですと水搔きのほうの櫓羽だけで一二尺（三・六メートル）もあるんです。櫓羽の部分は素材はカシです。それで櫓腕のほうはシイです」

樫（カシ）にはシロガシ、アカガシなどさまざまあるが、櫓羽に使うのはイチイガシである。水に対する強さはどれも変わりはないが、シロガシやアカガシでは重いのだそうだ。資料を読んでみると、地方によってはアカガシを使うと書いてあるものもあるから、ここらは職人や地域によって工夫や使い勝手、使い手の希望や素材の調達の問題もあったのかもしれない。

櫓腕に椎（シイ）の木を使うのは軽くて締まりがいいからである。櫓はこの二つの部分をつなぎあわせた長いものである。つなぎ方は二本の楔（くさび）を打ち込み、昔は棕櫚縄（しゅろなわ）で結んだ。今はワイヤーで固定する。山本さんが使っているのは21番の針金であった。櫓腕と櫓羽は横から見ると「へ」の字形につながれている。この「へ」の字形の微妙な角度が重要なのである。角度が急過ぎると櫓羽が水に深く入り過ぎて漕ぐのが重くなる。緩過ぎると水の抵抗がなく船が進まない。ここらは勘と経験である。

このほか櫓には、櫓を押すための櫓腕の先端近くに突き出した「ツク」という部分と、櫓羽の櫓腕よりの部分に取りつけられた穴のあいた突起「イレコ」がある。ここを船に作られた「櫓杭」や「櫓べそ」と呼ばれる突起にはめて、船底から伸ばしたロープをツクにかけて押すのである。イレコは底が丸くカーブしており、押したり引くことで櫓が傾き運動するようになっている。イレコは運動の支点に、ツクは運動点に、櫓の先の水に入った部分が腕に加えられた力を使って推進力を作り出す。

「へ」の字の角度で櫓を押すだけで、櫓の先は8の字を描き、船は軽々と進むのである。

「それでこっちが櫂ですわ」

山本さんが見せてくれた二本の櫂のうち、一本は「かちかち山」のウサギが持っていたものと同じ形だった。握りに近い部分は棒状で、水を掻く部分は平らになっているのである。ビーバーの尾の形である。

「大きな柄のついた平たい部分の大きいのが『ねり櫂』です。それで、細長いのが『さし櫂』。ねり櫂は、船縁にロープなんかで輪を作って、そこに差し込んで8の字を書くようにして使うもんです。七尺から六尺ぐらいあります。伝馬船で使うときやったら三尋だと六尺、四尋だったら八尺のものを積んであったもんですわ」

材料はねり櫂はカシ。今はフローリングに用いられている南洋材のアピトンも使われる。

櫂の使い方は櫓よりずっと難しいという。櫓は押し引きすれば8の字を描くように作られている。櫂は自分で8の字を描かなくてはならないのである。

「さし櫂は川底に突き立てて押しながら使うもんです。よく竹の棹なんかでやってますやろ。あの役ですわ。長いもんでしたらヒノキで作るんですが四間（七・二メートル）もあります」

舳先に立って、水中にさし櫂をさし、それを押しながら船を前方に押し出すのである。ただの棒では水に入れると抵抗を受けて揺らめくところを、櫂状ならうまく水を切ることができる。

「ほかに船の端で漕ぐのに使う『はね櫂』というのもあります。櫂はだいたいこの三つで、地方や船の形によって形が違います。櫓の場合でも櫓腕が太かったり短かったり、櫓羽が細かったり膨らみに強い弱いがあります」

国立民族博物館の展示を見ると、秋田県の川崎船の櫓は櫓腕の丸みが太く強いし、勢子船（せこぶね）の櫓羽は三角に近い膨らみを持っていた。ねり櫂を見て宮本武蔵を思い出した。

武蔵は巌流島の決闘で佐々木小次郎の待つ島に向かうときに、舟の中で櫂を削ってそれで小次郎の頭をたたき割ったことになっているが、武蔵は櫂の素材をよく知っていたのかもしれない。山本さんは武蔵はねり櫂ではなく、さし櫂を削ったんじゃないかという。なぜなら、使い込んだカシのねり櫂はとても刀の刃では削れないと、山本さんたちがカシを削るときに鉋（かんな）の刃を立て、丈夫で厚い特殊なものを使うが、それでもごみのような小さな鉋くずしか出ないほどなのだ。

昔は櫓や櫂は手斧（ちょうな）と鉋、鋸だけで作った。

「形を整えるだけやったら四、五年修業すればできますわ」

難しいのは材選びと木取りだという。木挽（こびき）も船大工もみんなそういった。外から見て内部を知るのは難問である。山本さんの父親は和歌山あたりの山なら自分で木挽をつれて見に行ったが、多くは日向（ひゅうが）のカシやシイを買っていたという。

「山で木を選ぶのはまだいいんですが、伐ってあるものを選ぶのは難しいですわ。これはと思って買ったら中がぐずぐずだったりしますから。ええ、この年になっても勉強ですわ。根本側の木口を手斧でちょこっとはつってみるんです。そうしたら粘い、冴えてるというのがわかります」

「伐るのは冬でなければあきません。水を吸ってるときに伐った木は全部腐ってきます。表側は大丈夫なんですが芯のほうから腐ってきます。くげていますのや」

そういうことを見抜いて買わなければならない。

櫓羽を作るイチイガシは長さが四メートル、直径一尺五寸（四五センチ）の丸太を購入する。この原木を木挽に挽いてもらうのだが、まずは木はみかん割りにする（木の中心を通るように割っていくこと）。

芯の部分は使わない。

「山の木には日表（ひおもて）、日裏（ひうら）があるんです。日の当たる側と当たらん側ですわ。櫓は日表がいいんですねや。日裏は粘いんです。粘かったらいいようやけど、粘いと歪みやすく、反りやすいんです」

原木を四つに割ると、日表が二つ日裏が二つになる。日表の四分の一から四個の櫓が取れる。日裏からも取れれば一六個の櫓が取れることになるが、そんな木はめったにない。櫓羽は根本のほうはかなり厚く、狭い。そして先端は薄く平たく仕上げる。

みかん割りした木から効率よく芯を除いて、四枚分を取るには簡単に板状のものを取ればいいというわけにはいかない。

「腕のいい木挽に捩れをかけて挽いてもらうんです。ふつうは製材屋ではようできませんわ。昔は家の前が浜だったんでそこに伊勢の木挽さんを呼んでやってもらいました」

櫂は、海の船か淡水かで、使う部分が違う。

「湖や淡水で使うのはアカミ（木の芯に近い部分、赤身）でなかったらいけませんのや。アカミでなかったら腐ってきますねや。うちでは琵琶湖の船の櫓や櫂を作ってましたんでえらくうるさかったですな。アカミの部分は粘いんです。逆に海で使うのは芯がないほうがいいんです。シロタ（木の皮に近い部分、白太）のほうが軽いんです。材料は皮のほうに来るに従ってようなってきますから」

粘い、冴える。木の性質をいう言葉であるが、それがどんなものであるかをいいあらわすのは難しい。木を扱うものが作業をしながらの木の感触をいうのである。

こうして材を買い置きしても、櫓や櫂を作っておくわけにはいかない。個人ごと、船ごとに注文があり、特徴が異なってくるからだ。時には出来上がった櫓を船まででかけて調節することもある。とても作っておいて店に並べて買ってもらうわけにはいかない。

昔、若かったときは櫓一丁を一日で作ることができたというが、今は二日もかかる。それも材料を用意しておいての話である。

私が訪ねたのは夏であったが、今年はまだ一本も櫓の注文はないと笑っておられた。ちなみに櫓の標準的な値段は約五万円。ねり櫂が一万一千円から一万二千円くらいである。

「そんなに注文はないもんです。櫓だったら一回買えば一生持ちますやろ。船を新しくしたら買ってくださるちゅうことはありますが、まあ持ちます」

木を買って寝かせて、仕事が来るのを待つのはなかなか商売としては大変なことである。

弟子入りして仕事を覚えたいといってきた人もあったが、技術は教えるが仕事がないし、食っていけないと説明したら、それきりもう来なかったと笑っていた。

現代の港や湖、漁港に、これだけ船があり、ハシケや小型の船もあるのだからいかに船外機をつけていようと、万が一のために櫓や櫂の注文があってもよさそうなものだが、山本さんは、

「今の機械は壊れませんのや、ご存じのように自動車でもほとんど故障しませんやろ。昔は万が一のためにって積んでくれたんですが、今は邪魔だっていってね、誰も頼みに来ませんわ」

エンジンが精巧で故障がなくなったことで、大阪でたった一軒になっても注文はほとんどなくなったというのだ。税金の申告の際には職業欄に「櫓櫂製造業」と記入するそうだが、この仕事がどんなものかわかってもらえなくなったという。

石を積む石工（いしく）

斜面や谷に田や畑を作るために簡単な石垣を積むのも、城の石垣を組むのも屋敷のまわりを囲むのも、護岸のために川岸の石垣を組むのもみな石工（いしく）の仕事である。

歩道の石を敷いたり、ビルの壁面に薄い石板を貼（は）りつけていくのも、市電のための板石を敷くのも、石灯籠（いしどうろう）や狛犬（こまいぬ）、墓石を作るのもそれぞれ専門を別にするが、石工の仕事である。

岐阜県恵那（えな）郡は花崗岩（かこうがん）の産地であるが、そこで石材会社を営む柘植（つげ）英雄（ひでお）さん（一九五〇年生まれ）は石工の三代目。お父さんは墓石や市電の敷石を作っていた。柘植さんは現在は九十数人の職人や工員を抱える石材加工所を経営している。

近くの山から石を切り出すだけではなく、石を外国から輸入し、電動の鋸（のこぎり）を使って自在の形の石に加工もするし、石を使った建築物も請け負う。

お会いした一九九五年の時点で、彼の工場では石切り用鋸を使い二ミリの厚さまで石をスライスできるといっていた。こうした石の薄板を作り、貼る作業というのは昔はなかった。こうした分野が出てくると、新たな専門の職人が生まれてくる。そういう意味では石工は新しい作業を含んだ職業でもあるのだが、現在、全国で一級石工と呼ばれる人は二〇〇〇人しかいない。石の性質を見抜き、それを加工し、自分の思いを仕事に表現していく職人たちである。

柘植さんの会社でも、石をきちんと割れる職人は一八人だけ。その中で一番経験の少ない人でも三二年はこの仕事についているという。いかに、石工が技を身につけるまで時間がかかるかをあらわしている。

石垣積みと石工の仕事を紹介しよう。

昔は簡単に石垣を積もうとすると、川原の石を拾ってきた。山や野原を掘れば、どこにでも石はある。こういう自然のままの、手の加わっていない石を「野石（のいし）」とか「野面石（のづらいし）（「のめん」という人もいる）」という。

野石を拾い集めて積んだのが最初の石垣であろう。棚田（たなだ）や山まで築いた畑が野石で積まれているのを見かける。

城や神社や屋敷の石垣などは、「こり石（樵石）」「切石」と呼ばれる。山から切り出して人間の手が加わった石を使う。

こり石は、「丁場（ちょうば）」と呼ばれる石山から切り出される。火薬や重機を使って巨大なさいころ状の石を切り出すのである。

丁場で働いているのは「山方」「割り山」という採掘人夫である。

彼らも石を扱う石工である。

岐阜県恵那郡蛭川（ひるかわ）村の丁場で石の切り出しの様子を見せてもらった

ことがある。その山は少なくとも地下一五〇〇メートルから二〇〇〇メートルまでは花崗岩（御影石とも呼ばれる）であるという。ビルの壁面のような直立した岩壁からドリルを打ち込み、火薬を使い、巨大な直方体の岩塊を切り出していく。

石の切り出しに機械が使われているが、切り出すために石の目を読むのは人間の仕事である。

「石には木と同じように目があります。目に沿って石を割るわけですが、機械は石の目を判断できません。石のどこに穴を開けて、どの方向に割ったらうまく割れるか、それを見て、行うのは職人です」

柘植さんが「ここが目です」と指さしながら教えてくれたが、私にはわからなかった。

「花崗岩はマグマが長い時間をかけて固まってできたものです。私どもの山の目は基本的には南北にあります。マグマが固まるとき地球の磁力に影響されるんじゃないでしょうか」

目とはそういうものらしい。山からはさまざまな形に切り出されるが、そのひとつ直方体の石を例に柘植さんはいった。

「これは石の直方体ですが、各面がまっすぐになっているのは目に沿って割ったからで、目に沿って割らなければ凸凹、ぎざぎざになってしまいます。それでも名人たちは性質を読みながら上手に石で球も作りますよ」

丁場から切り出された巨石は、石積みの現場に送り出すために、注文に従って小割りされる。

小割りは、石の目に沿って穴を開け、そこに「矢」と呼ばれる楔を打ち込んで割る。石に穴を開けるのは、今は電気ドリルを使うが、かつては鑿。鑿の時代、小割りはベテランの仕事であったという。丁場には鍛冶場がついていて、毎朝、道具の焼き入れを行った。硬い石を相手に効率よく、仕事をきれいに手際よく行うためには、木をいじるのと同様に道具が切れなくてはならない。焼き入れも、扱う石の種類によって異なる。石工はその日ごとの自分の仕事や気候、好みに合わせ、鞴を使って焼きあげた刃は油を使って焼き入れする。石工は仕事柄、粘りのある道具に仕上げる。炎の加減、道具の熱し方、火入れの具合はすべて勘で、多くは水でなく油を使う。

鑿やドリルで穴さえ開ければ、一トンほどの石でも一、二分で割ることができる。

小割りは、「間知石（けんちいし）」と「布石（ぬのいし）」と呼ばれるものが中心である。間知石は、顔（表）が矩形（くけい）で、控え（奥行き）が長く、尻が細くなった楔形（くさびがた）をした石である。布石は直方体の石である。

間知石や布石を作り出す作業は、縦挽きの鋸が出現しなかった時代の板や柱を作り出す作業に似ている。昔は木も目に沿って楔で割ったのである。

間知石は、三〇センチ角、長さ一間の石材から一二個の三角形の石を割って作る。一人前の石工は表が三〇センチ四方の間知石を一日三〇個作った。

石を割るのは、大きかろうが小さかろうが同じである。目に沿って穴を開け、楔を打ち込む。穴の掘り方が悪ければ、石は思わぬ方向に割れることがある。穴の幅は楔よりやや細く底は平らである。ここに楔を打ち込むことで左右に石を押し広げるのである。

楔の種類は「キキ矢」「トビ矢」「豆矢（まめや）」とある。豆矢は小割り用、トビ矢とキキ矢は砲弾状の楔で大きなものを割るのに使う。

楔は目に沿って何本か打ち込まれ、玄翁（げんのう）で順に軽く叩いていく。均等に力が加わることが肝心なのである。大きな石は、楔を目に沿って一列に打ち込み、「矢締（やじめ）」と呼ばれる大きな玄翁で楔を順に叩き込んで割る。

最近は「せり矢」と呼ばれる楔が使われるようになった。

「これでしたら大きさが一・五メートルもある石でも割れます。豆矢だと四〇センチ以下でしたからね」

使い込んだ楔を見ながら丁場の石工さんはいった。この世界では導入された電動のドリルや新型楔と引き継がれてきた石を読む目が同居している。

こうして作られた「こり石」は積み上げる現場に運ばれる。

石垣を積むのは山方とは違った技を持つ「現場石屋」「石工」と呼ばれる職人たちである。

現場石工の橋井敏行（はしいとしゆき）さん（一九四三年生まれ）は石工四代目、穴太（あのう）衆の流れを継ぐ人である。

現場石工は図面に従って石を積む。

石垣の設計図には高さや反り、石垣の後ろで土圧を支える構造などが詳しく書き込まれているが、どの石をどの位置に、どんなふうに置くかなどは書かれていない。その裁量は現場の石工の頭梁に任せられている。

工場で造り出されたブロックや瓦のような均一の素材ではない。一個一個まるで違った形や大きさ、色、質を持っている。それを設計図で指示することはできない。指示したところでそんな石が集まることはないからだ。

橋井さんは、まずは現場に運ばれてきたものの中から、中心になる石を選び、自分のイメージを作り、その石の脇にはどの石を置き、さらにその石が作った「座」と呼ばれる部分にはどの石を置いていくかを、ジグソーパズルを完成させるように考えていく。

石垣を積む

野石を使った石垣は、粗末で、簡単そうに見えるが、実際には不揃いの石をしっかり、丈夫に、かつ美しく組むには、石を見抜く優れた目と技がいる。

修練を積んだ石工たちは一個の石を見れば、どの面を石垣の表に出し、どこを上に、どこを下にするか、奥行きを「控え」というが、控えはこの長さで十分かというのをとっさに判断するという。

石垣の表側に並ぶ部分を「顔」とか「面（つら）」というが、どの部分を面にするかで石垣の表情が決まるのである。

一個ずつ形や大きさの異なった野石や切り出したままの形を整えていない石を使っての石垣は、一列並べると石の大きさや割れ方によって凸凹ができる。この凸凹を利用して次の列を組んでいくのであるが、こうした積み方の凸凹の並べ方を「乱層（らんそう）」という。

これに対して布石のような形の同じものを積んでいくと、一段積むごとに上段がきれいに揃う。この積み方を「整層（せいそう）」という。石垣は化粧ではない。上に建つ建物や城を支える大事な建造物である。

私たちは出来上がった石垣しか見ることがないが、石垣の裏には大量の土があり、さまざまな大きさの石が詰め込まれており、その土の上に城や建物が建っているのである。

重い建物に上から押された力は前面に出ようとする。この土の圧力を支えているのが石垣である。降った雨は土中に染み込み、流れ出すところを探す。そうでなければ石垣の裏にたまり、いずれは石垣を壊すことになりかねない。

こうした土圧に耐え、水はけをよくし、土の流れ出すのを防ぐために石垣にはさまざまな工夫がなされている。

橋井さんは「石垣は裏で積む」ものだという。

石工は「裏ごめ石」という細かな石を積み、石垣の表面に出る石は「子飼い石」という石で角度を決め、安定するように設置し、表からは見えないが、裏では石と石の間にぎっしりと「胴ごめ石」が詰め込まれている。

石垣の石を一個置くたびにこれらの石を裏に込めながら次の石を載せていくのである。子飼い石ひとつでも、置く位置によって顔の向きが決まるだけでなく、石垣の強度に影響を与えるのである。だから、裏側の処理ひとつにしても手間と勘がいる。

百人の石工がいれば、積み上がった石垣の顔は百通りあるという。寸法や傾斜などは図面どおりに仕上がるだろうが、使われる石の組み合わせが違ってくるのである。

「それは個人の美しさに対する考え方の違いで、誰もが自分が一番だと思っている。そう思わなければ、怖くてできません」

橋井さんは自分が組んだ石垣を見ていった。

野石を組む以外、現場で石垣を組む石工たちは、根に据える石を選び、組み合わせを考えながら、石をその「座」に納まるように、余分な部分を取り、隣の石に合わせて形を作る。

そのために石工は、思う形に石を割り、角を取り、表面をはつることができなくてはならない。職人の仕事は腕に応じて金をもらうのを常としたから、すべて手際よくなされなくてはならない。かつては、石積み師は石一個を積むことでいくらと賃金をもらったという。

石は重い。一立方メートルの重さは、花崗岩で約二・六トン。一メートル角の石一個で、二トンのトラック一台の積載量をオーバーするのである。今は重機が簡単に石を動かす。それを見て熟練者たちはいう。

「何でも重機ばかり使うから怪我をするんだ。石の重さや重心の位置は自分でいじり慣れていないとわからないから、簡単に考えてしまう。重心がずれただけで石は不安定になる。置き方だけでも危なっかしいんだから、それを積ませるとなれば、よけい難しいもんです」

「石って漠然と重いものだと思ってるでしょうけど、実際の石を目の前にしてどれぐらいの重さというのは見当がつかないもんです。動かすには、こつがあるんです。自分たちはバールや鉄梃ひとつで簡単に動かします。何でもよいしょと持ち上げるわけじゃない、必要なだけ持ち上げればいいし、必要なだけ移動すればいいんだから、そう難しいもんではないです」

橋井さんは物理の原理どおりだと、小石を支点に、鉄梃で二〇〇キロはある石を簡単に動かして見せた。この方法で、二トンの石でも動くという。

大きさや形がさまざまに違う石の組み方にはそうした苦労とセンス、訓練がいる。

次に形の決まった間知石による「谷積み」の例を話そう。

まずは地盤のしっかりしたところまで地面を掘り下げて、「根石（ねいし）」といわれる底が平らで上が三角に尖（とが）った五角形の石を並べていく。三角の角度は間知石の長さに合うように作られているから、根石の上の一列目は角度を合わせて傾かせて積んでいく。一列目が左に傾けば、二列目は逆に傾けて積んでいく。これが間知石の谷積みである。

城の石垣は見事な反りを持っている。反りを持つことで土圧に耐え、敵の侵入を防いでいるのだ。城壁の勾配には二通りある。ひとつは上部にいって弓のように反り返る「宮勾配（みやこうばい）」、もうひとつは反りを持って上がりながら上部が垂直に立ち上がった「寺勾配（てらこうばい）」。

いくつかの城の石垣を積んだ経験を持つ橋井さんは、反りの曲線を鎖（くさり）で作るという。

「鎖を張って、それを少しずつ緩めて適切な曲線を作っていくんです。これは自然が作り出した曲線ですから美しいものですし、丈夫なんです」

住宅の石垣や堤ののり面工事の間知石積みにも反りや傾斜がある。石は積み方によって強度も増すし、弱点もできる。目地が通ったり、石同士が重なり合ったり、まわりをすっぽり取り囲んでしまったために中の石が抜け落ちてしまうものが出てくることがある。

石工たちがタブーとする積み方をいくつかあげよう。

「四つ目、目通り、四つ巻き、巻き石、重箱、芋串（いもぐし）、稲妻目地……」

「四つ目」は「田」の字型に石が並んでしまう積み方。

「目通り」は、石の並び加減で直線に石の縁が重なってしまうこと。

「芋串」は、串に芋や団子を突き通したように同じ大きさの石が何個か重なってしまうこと。

「重箱」も同じで、同じ大きさの二つの石が上下に重なりあうこと。

こういう石の積み方は石同士のかかわりが単純で力が加われば飛び出したり崩れの原因となりやすいのだ。ほかにもある。

「一文字」は長い石を真横に使うことで、これは上から力が加われば、石が折れる可能性がある。「突き石」は細長い石が二つ重なること。「抱き石」は一つの石の上に二つの石が並んで載ってしまうこと。「拝み石」は二つの石が両側から屋根状に寄り添い、その下の石を覆ってしまうこと。これは「四つ巻き」「八つ巻き」などと同じようにまわりの石からの力が加わりづらいために引き抜くことができ、弱点になってしまう。

また石の表面である「顔」を作るときにも、「目違い、逆石、アゴ、鏡ばり、毛抜き合端……」などの注意事項がある。

「目違い」は、ひとつだけ表面が他より下がってしまっているもの、逆に「せり出し」といって外に飛び出しているのもいけない。

「逆石」は、上のほうが控えが長くなるもの。「鏡ばり」は、控えの短い石が間に挟まれてしまうものである。

こうしたことが起きないようにするためには、あらかじめ石の癖を見抜き、組み合わせを考えておき、石の置き順をそのように並べて置くなどの気配りと先読みが欠かせない。もし、部下や自分の指示で積んでいた職人がこうした組み方をしてしまったときには、橋井さんは「石垣を崩し、元へ戻す」という。石垣は人間よりも長い時間残る。一時の恥ではすまないからだという。

石垣作りで一番気を遣うのは角の石である。

ここは一番力が加わり、弱点の出るところでもある。またこの角の反りや石の組み具合は石工の腕の見せどころでもある。

「角に使う石は、大きさが中央部に使う石の二倍から五倍はあります。角の石はほかの石よりも控えの長い石を交互に積んであります。多くは『算木積み』という切り石を使ったものです」

算木積みは、城郭などの大きな石垣にも、屋敷のまわりの石垣にも使われる。石が自然石の場合でも角を強固にするためにここだけは手を加えたくり石を使っていることが多い。

石工の道具

石工の道具は簡単なものである。

道具は地方によってさまざまに呼び方が違うので、ここでは橋井さんの使っている道具の呼び方で紹介していく。

穴をうがつときや表面の凸凹を取るためには鑿（のみ）を使う。大工の鑿は先端が平たくて刃になっているが、石工の鑿は太い釘に似ている。先に紹介した「せり矢」をはじめ最近のものは超硬合金になったので能率が「百倍も上がった」という。

毎日、仕事の前に行っていた鍛冶の作業がなくなったのだ。超硬合金はグラインダーで研ぐ。一人一日に三本を二回は研ぎにかけて使うが焼き入れよりはずっと効率がいい。

鑿で石の表面をはつるときは、左手で軽く鑿を握り「石の上で踊らせるように」使う。このときに使われるハンマーを「セットウ」という。セットウは「截頭」だろうか、「石頭」だろうか。このハンマーはほかの道具とも組み合わせてよく使われる。

石を大きく割るときに使うのが「玄翁（げんのう）」。最近の玄翁も超硬合金でできているため、焼きを入れることはない。昔は角の鋼（はがね）の部分の焼き入れを丹念に行ったが、特殊鋼はグラインダーを使って研ぐだけでいい。玄翁の刃は厚みがあり細かい作業には向いていないというが、橋井さんが軽く一振りしていくだけで、石の表面から薄く、石片がはぎ取られていく。石工の玄翁は叩くものではなく、削り取る道具である。

石工は「玄翁で石を切る」という。

細かく仕上げるときは「コヤスケ」という先端部に刃の付いたハンマー状の道具を使う。刃を石に当て、セットウで叩いて、石の形を整えたり角を出していく。コヤスケの刃は鉛筆が削れるぐらいにはたてる。

石の表面を平らにするのが「ビシャン」。肉を叩くときのぶつぶつとした突起の付いたハンマーに似ている。突起の数は一六個、三六個、一〇〇個のものがある。表面を平らにするほか、逆にまっ平らに鋸で切った石の表面を叩いてざらざら感を出すのにも使う。

ほかにもたくさんの種類のハンマーがあるが、いずれも石をはつったり、墨を打ったとおりに正確に取っていくための合理的な道具である。

硬い石を一年中叩き続ける石工はハンマー類の柄にも凝る。玄翁やコヤスケなどの柄は橋井さんは、あれば「カマッカ」「ウシゴロシ」と呼ばれる木を使うが、ないときは柊（ヒイラギ）を使う。自分で山から取ってきて好みの形、長さに仕立てる。宮崎県の凝灰岩を主に扱う石工はグミやネズミモチ、梅などを使うという。

いずれも、硬いだけではなく、しなりがあって衝撃を吸収してくれ、しかも丈夫なものとして昔から言い伝えられてきた種類の木である。

コンクリートの石垣

栢植さんは橋井さんと一緒に、復元した掛川城や清洲(きよす)城の石垣を積んできた。しかし、その石積みは、昔のように地山(自然のままの地盤)を出し、裏側にくり石や胴ごめ石などを入れた方法で石垣を組み上げることをしていない。

「コンクリートで裏打ちしなくてはならず、どうしても石だけで組む許可は下りないのでやりたくてもできないのだという。

「なぜコンクリートを打つのかというと、石垣にかかる土圧を、何を使って、どれぐらいの強度で止めるのかということを申請しなくてはならないわけですが、一個一個性質や形状の異なる石の強度を実験で証明できないのです。江戸城や姫路城は石だけで組んで持っているじゃないかといいましても、それでは、なぜあれが持っているのかということを計算して出してください」といわれたそうだ。

石工が長い経験と勘で石の癖を見抜き、それを組み合わせてきた技を計算でといわれてもしようがないのである。

一個一個の違いは出しようもないが、標準的な試験結果は出ている。

「コンクリートの強度は一平方センチメートルあたり一五〇キログ

ラム。一五〇キロの力を一平方センチにかけると壊れるということです。ところが花崗岩の場合は一六〇〇キロの力でやっと割れるんです。ほぼ十倍です。それに風化の速度が花崗岩の場合は表面の一ミリが崩れるのに一五〇年です。石垣の石が風化で崩れることはほとんどあり得ないということですよ。それでも今の工法ではコンクリートで土圧を止めて、その前に化粧として石垣を積んでいくしかないんです。ですから、今なら技術はあるんですが、昔の方法で、指定された高さ以上の石垣は組めなくなっています」

鑿とハンマーで石の表面を仕上げていく技、石の性を見抜いて石垣を組み、石をはつってぴったりの座に納める石工はこの後、育っていくだろうか。

仕事のないところに技の引き継ぎはないのでは。

石で石垣を組む、石の性を知り、石の重さ、もろさを体で知って受け継いできた技である。この文化の引き継ぎを阻止しているものが建築や土木の「基準」であることは皮肉である。ここにも職人の技を消していく要因がある。

本書は、株式会社中央公論新社のご厚意により、中公文庫『失われた手仕事の思想』を底本としました。但し、頁数の都合により、上巻・下巻の二分冊といたしました。

失われた手仕事の思想　上
（大活字本シリーズ）

2022年5月20日発行（限定部数700部）

底　本　中公文庫『失われた手仕事の思想』

定　価　（本体2,900円＋税）

著　者　塩野　米松

発行者　並木　則康

発行所　社会福祉法人　埼玉福祉会

埼玉県新座市堀ノ内3—7—31　〒352—0023

電話　048—481—2181

振替　00160—3—24404

印刷製本所　社会福祉法人　埼玉福祉会　印刷事業部

ISBN 978-4-86596-513-1

大活字本シリーズ発刊の趣意

現在，全国で65才以上の高齢者は1,240万人にも及び，我が国も先進諸国なみに高齢化社会になってまいりました。これらの人々は，多かれ少なかれ視力が衰えてきております。また一方，視力障害者のうちの約半数は弱視障害者で，18万人を数えますが，全盲と弱視の割合は，医学の進歩によって弱視者が増える傾向にあると言われております。

私どもの社会生活は，職業上も，文化生活上も，活字を除外しては考えられません。拡大鏡や拡大テレビなどを使用しても，眼の疲労は早く，活字が大きいことが一番望まれています。しかしながら，大きな活字で組みますと，ページ数が増大し，かつ販売部数がそれほどまとまらないので，いきおいコスト高となってしまうために，どこの出版社でも発行に踏み切れないのが実態であります。

埼玉福祉会は，老人や弱視者に少しでも読み易い大活字本を提供することを念願とし，身体障害者の働く工場を母胎として，製作し発行することに踏み切りました。

何卒，強力なご支援をいただき，図書館・盲学校・弱視学級のある学校・福祉センター・老人ホーム・病院等々に広く普及し，多くの人人に利用されることを切望してやみません。